図解

社員ゼロ！
会社は「1人」で
経営しな い

Introduction

これからは「小さい会社」の時代が間違いなくやってくる！

小さな規模で
“きっちり儲ける”必勝法、
余すところなく教えます！

1人でできることをやり、地道に稼ぐ。それがこれからの時代に最適な方法！

「会社をいかに大きくすることができるか」
「会社をつくるからには、上場を目指す！」
「売上を右肩上がりで増やす！」

これまでなら、創業者は会社をつくるとき、このように考えるのが普通だったでしょう。今でもそうかもしれません。

しかし、これからは「違う！」と断言できます。

これからは「小さい会社」の時代が、間違いなくやってきます。

日本はどんどん人口が減っていくので、消費が減り、経済規模は小さくなっていきます。

実際に大企業でさえ、売上が減り、人を減らさざるを得なくなり、合併やM&Aなどが増えてきました。倒産や消滅してしまうような会社も、これからどんどん増えていきます。

そこに新型コロナの感染拡大が起こりました。この影響により倒産する企業も増えるでしょう。たとえこの流行が収まったとしても違うウイルスや天変地異がこれから起こらないとも限りません。

このような時代において、大企業からあふれた人はどうすればいいのでしょうか。

私は以前、一部上場の大企業に勤めていたのですが、そのときの同僚が「希望退職」という名の退職勧奨を受けました。そのうち2人から相談を受け、いろいろなアドバイスをした結果転職しましたが、彼らは相当思い悩んでいました。

会社に残った他の同期に話を聞いてみると、50代となった今、起業や自分で商売をするのもリスクが大きすぎるし、転職しても給料が今より高くなることはまずないので、このまま会社に残るしかないと言っていました。会社がこれから傾くかもしれないけれど仕方ない、とのことでした。

しかし、別の道もあります。同じく退職勧奨を受けた先輩が私のところへ相談にきて、「ラーメン屋をやる」と言って、綿密な計画表を見せてくれました。この先輩のように、しっかり考えて計画すれば、起業したり商売をしたりすることも可能です。特に、自分が好きなことであれば、なんとかなるでしょう。これは私が数千人の経営者や起業希望者を見てきて、痛感していることです。

「やり続ければ、なんとかなる」これが私の今の実感です。

起業にしても自分で商売をやるにしても、好きで飽きないことをなるべく正しい方法でひたすら続けていけば、なんとかなってしまいます。

ただ、これからはやはり経済規模が縮小していく時代なので、右肩上がりの計画を立て、たくさんの従業員を雇い、どんどん大きくしていくことは難しいでしょう。だからこそ、1人でできることをやり、地道に稼いでいくというのがいい方法なのです。

割りきって、1人で経営していくと決めれば、あとは正しい方法でやっていくのみです。

私は税理士としても経営コンサルタントとしても、ずっと極小会社（1人または2、3人でやっている会社）のことを研究してきました。そのような会社に税理士業で携わってきましたし、自分もそのような会社（従業員1人の税理士事務所および私1人の会社）を15年以上運営してきました。

その中で、「割りきって1人で経営していく場合の必勝法」を編み出してきたのです。

今からその必勝法を余すところなく公開します。

ぜひ読んでいただき、これからの人生で1人会社を運営していくという選択肢を、しっかりつかみとっていただければ幸いです。

２０２０年６月　山本憲明

図解 社員ゼロ! 会社は「1人」で経営しなさい

Contents

■カバーデザイン／next door design（相京厚史）
■本文デザイン・DTP／斎藤 充（クロロス）
■編集協力／藤吉 豊（クロロス）、岸並 徹、斎藤菜穂子

Section 4 1人会社の時間の使い方

Section 5 1人会社をずっと継続させていくには

Section 1

これからの日本経済と会社について考えよう

これから、日本経済は小さくなっていく

日本の総人口・生産年齢人口は、減少傾向にある

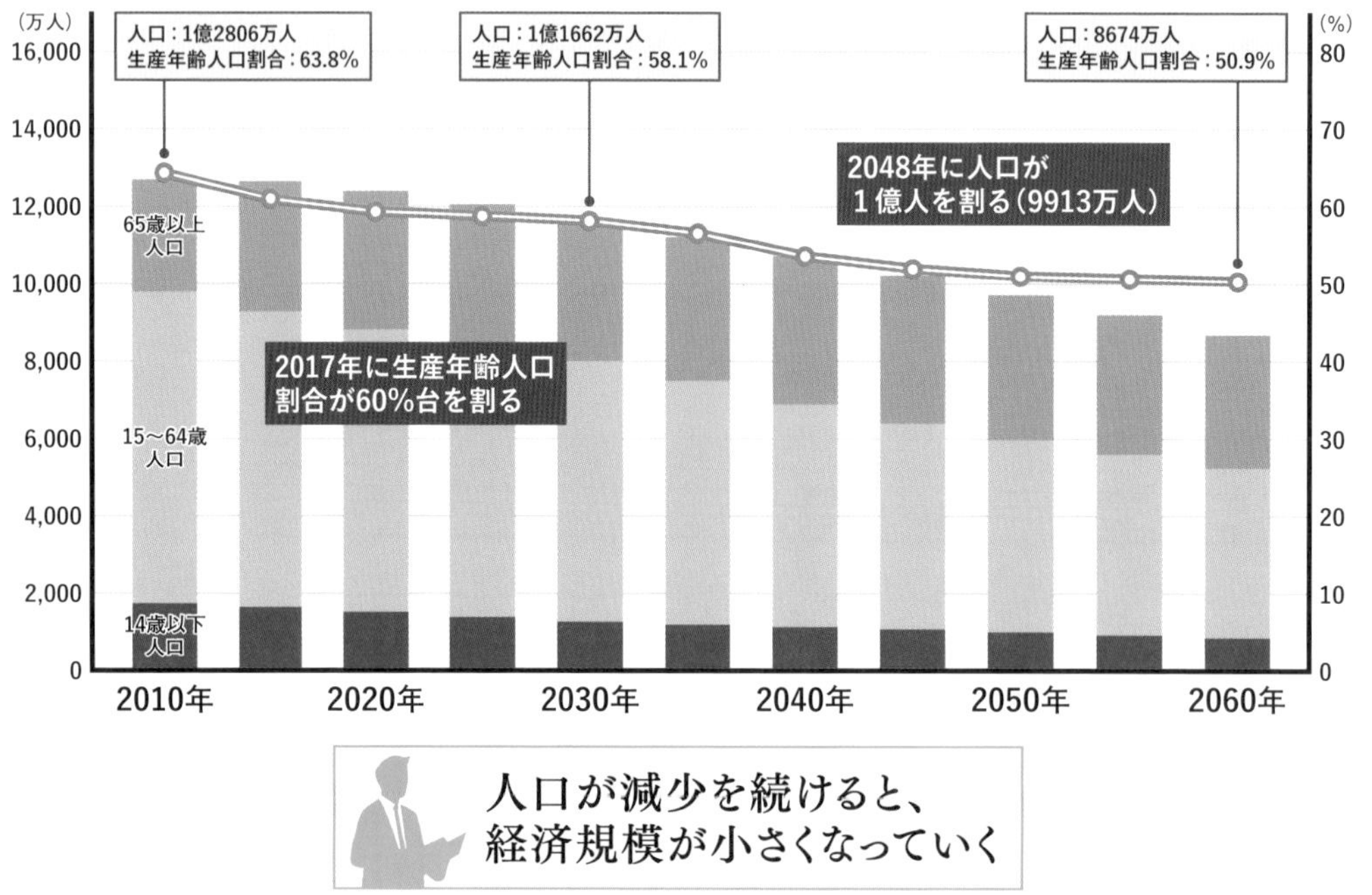
(万人)
16,000
14,000
12,000
10,000
8,000
6,000
4,000
2,000
0
(%)
80
70
60
50
40
30
20
10
0
人口：1億2806万人
生産年齢人口割合：63.8%
人口：1億1662万人
生産年齢人口割合：58.1%
人口：8674万人
生産年齢人口割合：50.9%
2048年に人口が
1億人を割る(9913万人)
2017年に生産年齢人口
割合が60%台を割る
65歳以上
人口
15〜64歳
人口
14歳以下
人口
2010年
2020年
2030年
2040年
2050年
2060年
人口が減少を続けると、
経済規模が小さくなっていく

出展／総務省白書：少子高齢化・人口減少社会より

経済成長には人口が影響する

これから、日本経済は間違いなく縮小していくでしょう。経済成長や経済規模の大小に一番影響するのは、やはり「人口」です。

人口が増えれば増えた分、単純に生活していく人や、仕事をする人が多くなるので、消費が増え、それにつれて生産も増え、経済活動が膨らんでいきます。

人口が少なければその逆で、消費も生産も減ります。ですから、経済活動が萎《しぼ》むのは当たり前です。

日本の総人口はすでに減少傾向にあります。上の図のように、総人口・生産年齢人口ともに減少を続けていくので、経済規模が小さくなっていくのは避けられません。

日本経済は緩やかに縮小していく

「多消費世代人口」というものがあります。消費を一番多くする世代の人口のことで、40代は家に関する出費や教育費などをたくさん

支出する世代であり、この世代の人口が多いときは景気がよくなったり株価が上がったりしています。「団塊の世代」と呼ばれる１９４７年から１９４９年生まれの人口が多いのですが、この世代が40代を迎えた１９８７年以降、日本経済はバブルに湧きました。また、「団塊ジュニア世代」と呼ばれる、１９７１年から１９７４年生まれが40代を迎えた２０１１年以降、日本経済はますます上り調子になっているという声もあります。

ただ、団塊の世代が多消費世代を終えたバブル崩壊以降、日本経済が低迷したように、団塊ジュニア世代が多消費世代を終えたあとは、多消費世代人口も生産年齢人口も総人口も一直線に減少していきます。つまり、日本経済のこの先は明るくないと考えられます。

ＡＩ（人工知能）、ロボットなどのイノベーションで経済成長していこうという論調もありますが、人口の減少という大きな波には逆らえないでしょう。日本経済は緩やかに縮小していくという仮説のほうが正しくなる可能性は高いです。

緩やかな衰退を前向きにとらえ、その中で「自分はどう生きていくのか」を考えたほうがよっぽど建設的です。

1人会社を成功させる

CHECK POINT

1 経済成長や経済の大小には、人口が大きく影響する

2 日本の総人口は減少を続けるので、経済規模は小さくなっていく

3 経済の縮小を受け入れ、緩やかな衰退を前向きにとらえて自分の生き方を考える

日本経済は、緩やかに縮小していく

衰退していく…
もうダメだ…
と嘆くのではなく、
緩やかに衰退するのならば…
それを前向きにとらえて…
生き方を考えよう！
日本経済

緩やかな衰退を前向きにとらえ、その中で「自分はどう生きていくのか」を考える

会社の成長を追い求めることは正しいのか

人口が減れば、経済規模は小さくなる

経済が成長するとモノやサービスが売れ、それを提供する事業者が潤います。事業者が潤えばそこで働く従業員の給与が増え、購買意欲が増して個人消費が増えます。そのことにより、また事業者が潤って……という好循環になります。

しかし、今は全体の人口が減り、さらに消費の多い世代の人口も減っています。みんな将来が不安ですから、消費を絞ります。すると、利益を確保するために企業は従業員の給与を増やすことが難しくなり、さらに消費が低迷します。

そして企業は、将来のために利益を確保しようと経費を削る、そんな構図が見てとれます。

経済が成長しなくても快適な生活はできる

企業は「従業員が働いて得た利益」と「従業員に渡す給与」の差額を搾取しないと存続できません。ですから、成長を追いかけるほど

人口が減ると、経済が成長しない

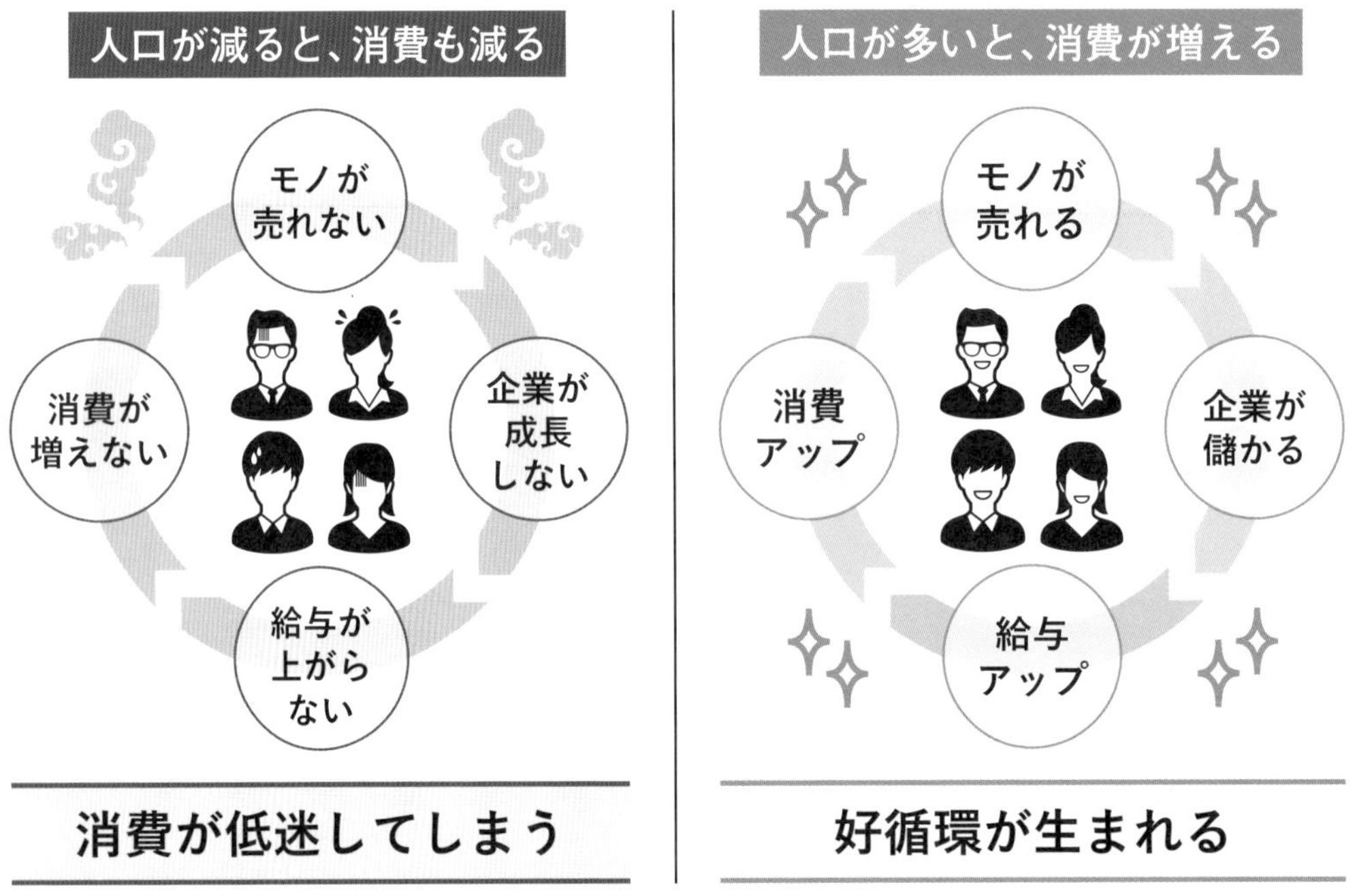
人口が減ると、消費も減る
モノが売れない
企業が成長しない
給与が上がらない
消費が増えない
消費が低迷してしまう
人口が多いと、消費が増える
モノが売れる
企業が儲かる
給与アップ
消費アップ
好循環が生まれる

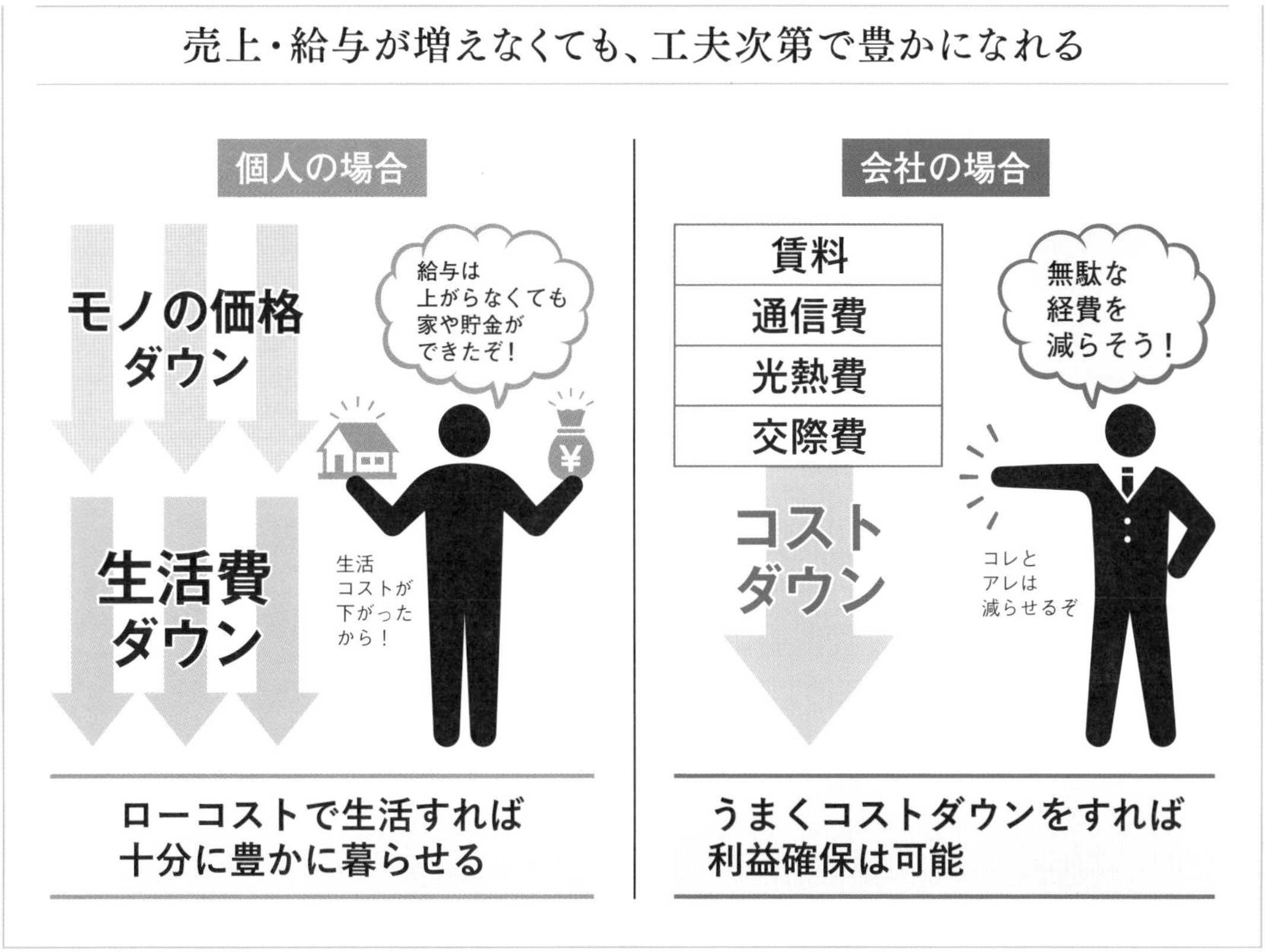
売上・給与が増えなくても、工夫次第で豊かになれる
個人の場合
モノの価格ダウン
生活費ダウン
給与は上がらなくても家や貯金ができたぞ！
生活コストが下がったから！
ローコストで生活すれば十分に豊かに暮らせる
会社の場合
賃料
通信費
光熱費
交際費
コストダウン
無駄な経費を減らそう！
コレとアレは減らせるぞ
うまくコストダウンをすれば利益確保は可能

その搾取を増やさざるを得ず、従業員側はますます貧しくなっていくしかないのです。ならば、はじめから成長を追い求めず、適度なものを維持していくという考え方のほうがいいのかもしれません。

これからは、「お金が増えなくても快適に暮らせる」生き方を考えるべきですし、事実それはやりやすくなっていくはずです。

会社は「売上が下がっていく」という前提で計画を立て、個人は「給与が下がっていく」という前提で計画を立てていくのです。

売上が下がっても、工夫次第でどうにでもなります。会社はコストダウンをして、無駄な経費を削れば利益は確保できます。個人も生活費を小さくする前提で計画を立てていけば、利益、つまり余分に使える、もしくは将来に備えて貯めるお金を確保できるのです。

今後、みんなが「成長することが是ではない」とわかれば、モノの価格は下がっていくはずです。

生活コストも下がっていくのだから、ローコストで生きていけば充分に豊かな生活ができるわけで、そのための成長は必要ありません。

「成長しないと、生きていけない」という考えは、この際一切捨ててもいいでしょう。

1人会社を成功させる

CHECK POINT

1 はじめから成長を追い求めず、適度なものを維持していくという考え方のほうが建設的

2 経済成長が見込めなくても、十分に豊かな生活ができる

3 「成長しないと、生きていけない」という考えは必要ない

大きな会社ほど、厳しくなっていく

「大企業だから安泰」の時代は終わった

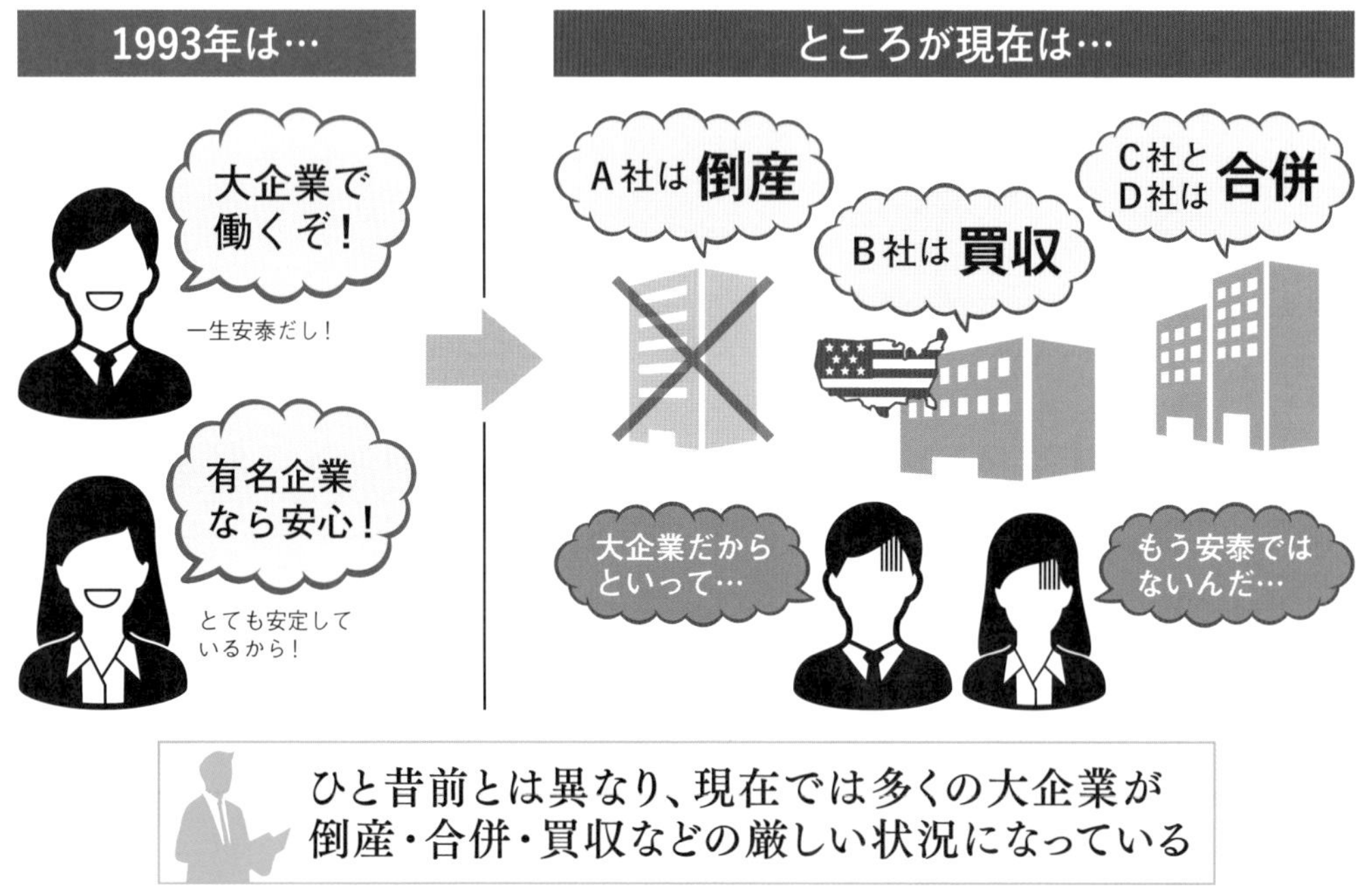
1993年は…

大企業で働くぞ!

一生安泰だし!

有名企業なら安心!

とても安定しているから!

ところが現在は…

A社は倒産
B社は買収
C社とD社は合併
大企業だからといって…

もう安泰ではないんだ…

ひと昔前とは異なり、現在では多くの大企業が倒産・合併・買収などの厳しい状況になっている

「大企業だから安泰」は通用しない時代

私が就職活動をしたのは1993年で、上場している大企業を対象に行いました。誰もが知っている大きな企業に憧れを持ち、大きな企業で働くことがすばらしい、という考えがありました。

しかし、大きな企業やそれを取り巻く環境は変わってきています。これまで「永遠に存続する」「とても安定している」などと思われていた企業が合併したり、外資の傘下に入ったり、倒産したりということが頻繁に起きています。ですから、大企業は緩やかながら衰退に向かっていると言えるでしょう。

学生時代に私が就職活動をさせてもらった企業の約4分の1から3分の1程度は、すでに存在自体がないか、今非常に厳しい状況に置かれています。

「大企業だから安定している。安泰だ」といった考えは、もう通用しなくなってしまいました。それどころか、「大企業だからこそ、これから厳しくなる」と言ってもい

郵便はがき

恐れ入りますが
切手を貼って
お出しください

112-0005

東京都文京区水道 2-11-5

明日香出版社

プレゼント係行

感想を送っていただいた方の中から
毎月抽選で 10 名様に図書カード（1000 円分）をプレゼント！

お名前《ふりがな》		
ご住所	郵便番号（　　）	電話（　　）
	都道府県	
メールアドレス		

＊ ご記入いただいた個人情報は厳重に管理し、弊社からのご案内や商品の発送以外の目的で使うことはありませ
＊ 弊社 WEB サイトからもご意見、ご感想の書き込みが可能です。

明日香出版社ホームページ　https://www.asuka-g.co

ご愛読ありがとうございます。
今後の参考にさせていただきますので、ぜひご意見をお聞かせください。

本書の
タイトル

年齢：　　歳	性別：男・女	ご職業：	月頃購入

● 何でこの本のことを知りましたか？

① 書店　② コンビニ　③ WEB　④ 新聞広告　⑤ その他

(具体的には →　　　　)

● どこでこの本を購入しましたか？

① 書店　② ネット　③ コンビニ　④ その他

(具体的なお店 →　　　　)

● 感想をお聞かせください

① 価格	高い・ふつう・安い
② 著者	悪い・ふつう・良い
③ レイアウト	悪い・ふつう・良い
④ タイトル	悪い・ふつう・良い
⑤ カバー	悪い・ふつう・良い
⑥ 総評	悪い・ふつう・良い

● 購入の決め手は何ですか？

● 実際に読んでみていかがでしたか？（良いところ、不満な点）

● その他（解決したい悩み、出版してほしいテーマ、ご意見など）

● ご意見、ご感想を弊社ホームページなどで紹介しても良いですか？

① 名前を出してほしい　② イニシャルなら良い　③ 出さないでほしい

ご協力ありがとうございました。

い状況になるかもしれません。

右肩下がりの時代でも計画は「右肩上がり」

大企業がなぜこれから苦しくなるかというと、答えは簡単で「経済が縮小していくから」です。

経済が縮小すると、平均的な売上も減らざるを得ません。そんな時代に、これまでと同じ右肩上がりの計画で経営していけば、大きな体を抱えている大企業は、経費がかさんで利益が減っていきます。そしてついには倒産・合併・買収などの憂き目にあうでしょう。

いくつかの企業の「中期経営計画」を見ましたが、売上高の数字が下がっていく「右肩下がり」の計画は見たことがありません。たいてい「右肩上がり」を前提にした計画を立てています。

右肩下がりの時代に、右肩上がりの中期経営計画を当然のように立てること自体、違和感があります。売上が右肩上がりにならなければ、利益は減る、または赤字になる可能性が高いのです。

突然、従業員数万人規模の会社がつぶれると、その下請けの会社、協力会社なども含めて、多くの人が路頭に迷うことになるのです。

1人会社を成功させる
CHECK POINT

1 「大企業だから安泰だ」という考え方は、通用しなくなった

2 大きな体を抱えている「大企業」は、経費がかさんで利益が減少してしまう

3 「右肩下がり」の時代に「右肩上がり」の計画は通用しない

「右肩上がり」の計画では、利益は増えない

×
「右肩上がり」の
中期経営計画のまま
本当に
実現できる
のかな…
う〜ん…
中期経営計画書
〈売上予測〉
◎
「右肩下がり」の
中期経営計画を立てる
売上が下がる、
と考えれば…
①コストダウンを
検討する
②業務の効率化
③
④

会社の規模が大きいと、これまでと同じ「右肩上がり」の計画では経費もかさんで、利益は増えない

「労働」と「お金」の価値が下がっていく

ロボットやAIに仕事を取られる時代に

ロボットやAIが発達すると、これまで人がやってきた仕事はAIに代わり、人がやる仕事が減ると言われています。私たちは、「自分の仕事は機械に代わってしまうのか」ということをまずは考えなくてはなりません。

ちなみに私の現在の仕事（税理士業、執筆業など）は、ほとんど機械に置き換わる可能性があると思っています。だからこそ、機械が苦手なこと（例えば、好きなことをとことんやり続ける、創造性のある仕事など）に仕事をシフトさせていこうと考えています。

どうしても機械に置き換わってしまうものなら、置き換わったときにどう活動していくかをポジティブに考えるのです。人間ができることも多くあるはずです。

ローコストで生活できる時代に

人がやっている仕事をロボット

自分の仕事の未来を考えてみる

自分の仕事はどうなるかな？
「機械が苦手なこと」
「人間にしかできないこと」
って何だろう？

自分の仕事が機械に置き換わったときにどう活動していくか、ポジティブに考えておく

機械化が進むと、ローコストで生きられる

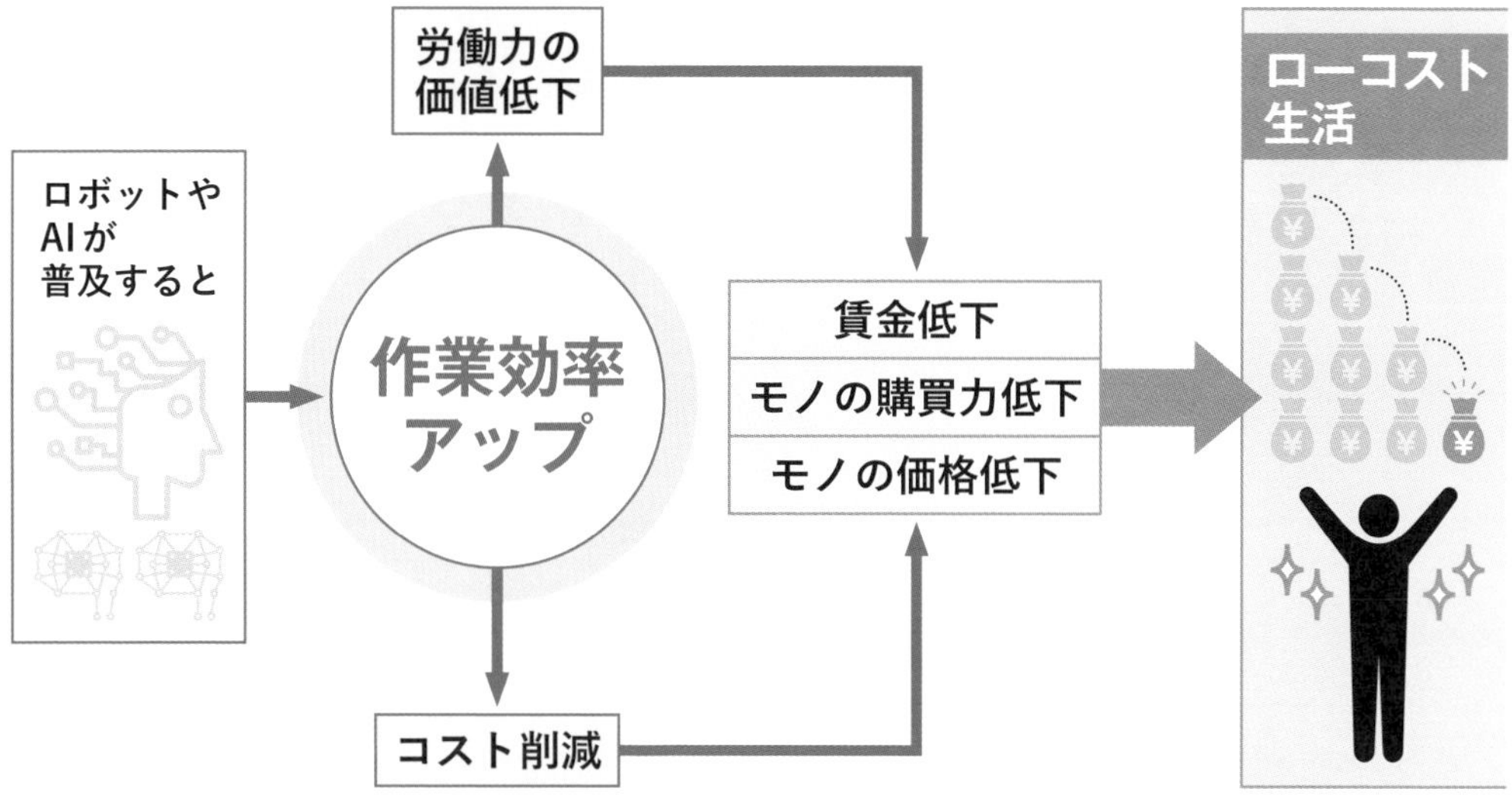
ロボットや
AIが
普及すると
作業効率
アップ
労働力の
価値低下
コスト削減
賃金低下
モノの購買力低下
モノの価格低下
ローコスト
生活

ローコストで生活できると、それほど人が稼ぐ必要もなくなり、
無理のないスマートな経営ができるようになる

1人会社を成功させる
CHECK POINT

1 「自分の仕事は機械に代わるのか」をポジティブに見極める

2 労働やモノの価値が低下するので、ローコストで生活できる

3 ローコストで生活できると、無理のないスマートな経営を目指せるようになる

やAIがやるようになっていくと、「労働」や「モノ」の価値が相対的に下がると考えられます。「労働」については明白です。

人間が汗水たらしてする作業を、機械は何倍もの速さで効率よくこなしてしまいます。そうなると、人間の労働価値は相対的に下がるでしょう。機械にお金をかけたほうがいいということは、人間に支払う報酬や給与を下げられるということになります。

労働の価値が下がって、全体的な賃金が減ると、モノの購買力が下がります。また、同じモノをつくるコストも下がるはずなので、モノの値段も下がるでしょう。

例えば家は、これまで人がたくさん関わり、多くの労働時間が投入されることによって、高い買い物となっています。しかし最近では、数百万円やそれ以下のローコストな住宅なども提供されてきています。

ローコストで生活できるようになると、それほど人が稼ぐ必要もなくなります。

機械化が進むことにより、売上を右肩上がりでガンガン上げていくことも必要なくなり、無理のない、スマートな経営をしていくことができるようになるはずです。

「65歳まで安穏、その後は悠々自適」とはいかない

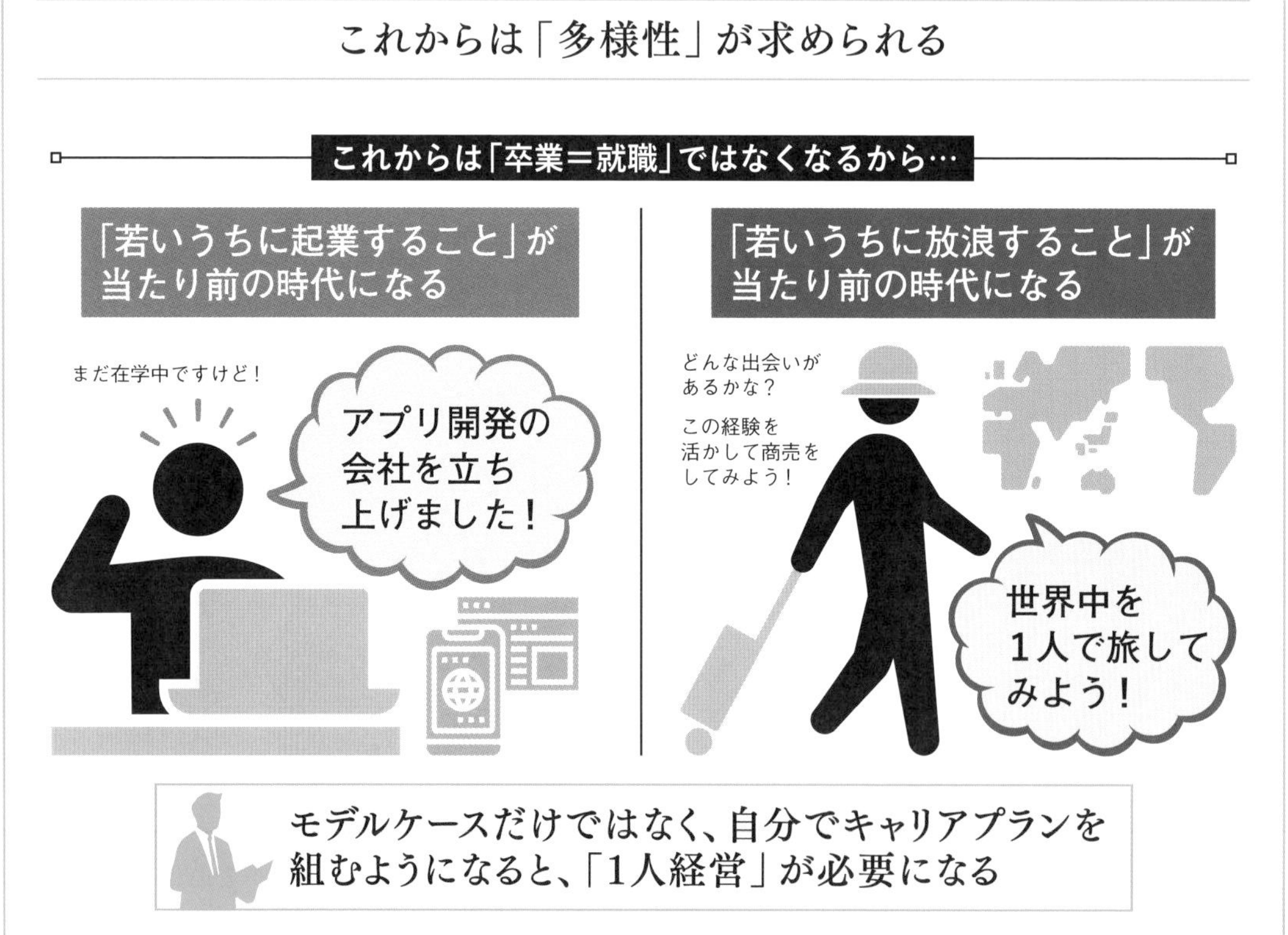
これからは「多様性」が求められる
これからは「卒業＝就職」ではなくなるから…
「若いうちに起業すること」が当たり前の時代になる
まだ在学中ですけど！
アプリ開発の会社を立ち上げました！
「若いうちに放浪すること」が当たり前の時代になる
どんな出会いがあるかな？
この経験を活かして商売をしてみよう！
世界中を1人で旅してみよう！
モデルケースだけではなく、自分でキャリアプランを組むようになると、「1人経営」が必要になる

キャリアプランを自分で組む時代に

言うまでもなく、これまで日本で当たり前とされてきたキャリアプランは崩壊しました。高校や大学を卒業して20歳前後で社会人となり、60歳や65歳で定年退職、その後は退職金と年金で悠々自適の生活、というキャリアプランです。

年金制度が今のままであれば、65歳から支給されるのも難しくなり、私（50代）がその年齢になる頃には、おそらく70歳や75歳からしか払われなくなるでしょう。

会社で働けば一生面倒を見てくれるという時代は完全に終わりました。私たちはこれから、自分でキャリアプランを組んでいかなくてはなりません。

モデルケースではなく多様性が求められる

まず「20代前半一斉就職」というもの自体が、なくなっていくはずです。将来何をしようかということを若いうちに考え、そのため

に何をするか、というプランを組んでいかなくてはなりません。

若いうちに放浪したり、ビジネスを興したりすることが当たり前になる時代がくるはずです。20代前半で足を踏み外すとその後の人生が先細りになる、という今の状況は終わりにする必要があります。

ほとんどの人が乗るモデルケースがなくなるのであれば、多様性が認められなければなりません。

これからは、「どんな道を通ってもいいから、好きなことや得意なことをして生き、なるべく長く仕事をする」ことが求められるようになるはずです。

そうすると、「起業」や「自分で商売をする」というスタイルが当たり前の世の中にならなくてはなりません。だからこそ、「1人経営」が必要になります。

「1人経営」は、1人もしくは超少人数のスタッフ（基本的には従業員ゼロ）で仕事をして、稼いでいくというスタイルです。生きていけるだけの糧を稼げればOK、できれば長く楽しく続けられるものがベストです。

1人で数百万円程度稼いで田舎に住み、半分農業で自給をして、時間を多く使える……というスタイルの人も増えることでしょう。

1人会社を成功させる CHECK POINT

1. 日本で当たり前だとされていたキャリアプランは崩壊する
2. 好きなことや得意なことを仕事にし、なるべく長く仕事を続けることが必要
3. 生活ができれば、稼ぐ量よりも長く楽しく続けていけるかが大切

「1人経営」を長く楽しく続ける

例えば田舎に住んで…
「1人経営」の仕事で数百万円程度稼ぐ！
半分農業で自給をして時間を多く使う！

「1人経営」なら、生きていくための糧をきちんと稼げて、時間を多く使えて、豊かな暮らしができる

政情も不安定、何が起こるかわからない

国際情勢の変化にも注意が必要

ここ数年の国際情勢は不安定です。日頃から本を読んだり、ワールドニュースを見たりして、何を考えればいいのか、何ができるのかを確認しておきましょう。

事業をはじめるときや事業を再構築するときは、国際情勢の変化になるべく影響されないものを選ぶことが必要でしょう。

奇しくも、新型コロナウイルスの影響で、数カ月間国際交流ができなくなるという事態に見舞われました。

一時的に元の状態に戻ったとしても、またいつこのような状況になってしまうかは誰にもわかりません。

事業を海外に広げるのは、間違いではありません。

しかし、オンライン対応を万全にしておくことを含め国際関係や国際情勢に気をつけておかなければ、事業を進められなくなることも、自分の身に危険が降りかかることも考えられるのです。

国際情勢の変化に影響されない事業を選ぶ

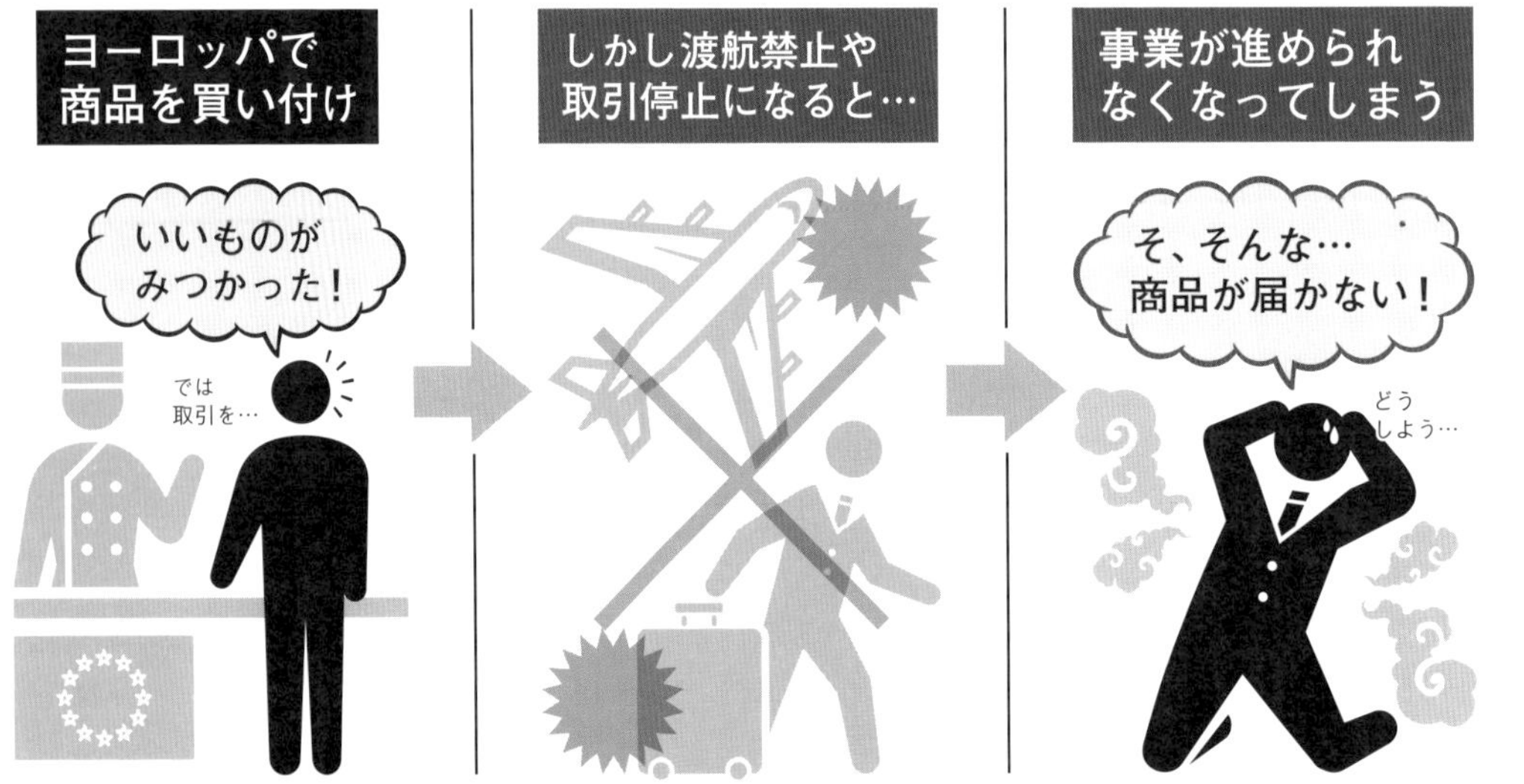
ヨーロッパで商品を買い付け
いいものがみつかった！
では取引を…
しかし渡航禁止や取引停止になると…
事業が進められなくなってしまう
そ、そんな…商品が届かない！
どうしよう…
海外と関係しなければ事業が成立しないような場合は、注意が必要

解決策は「1人経営」が増えること

「1人経営」は、これからの時代に合っている

経営者がストレスから解放される

経営
事業が
小さいから！
これなら
楽に長く
続けられる！
事業

事業が小さくていいので経営が楽になる

高齢化社会の問題解決策の一つになる

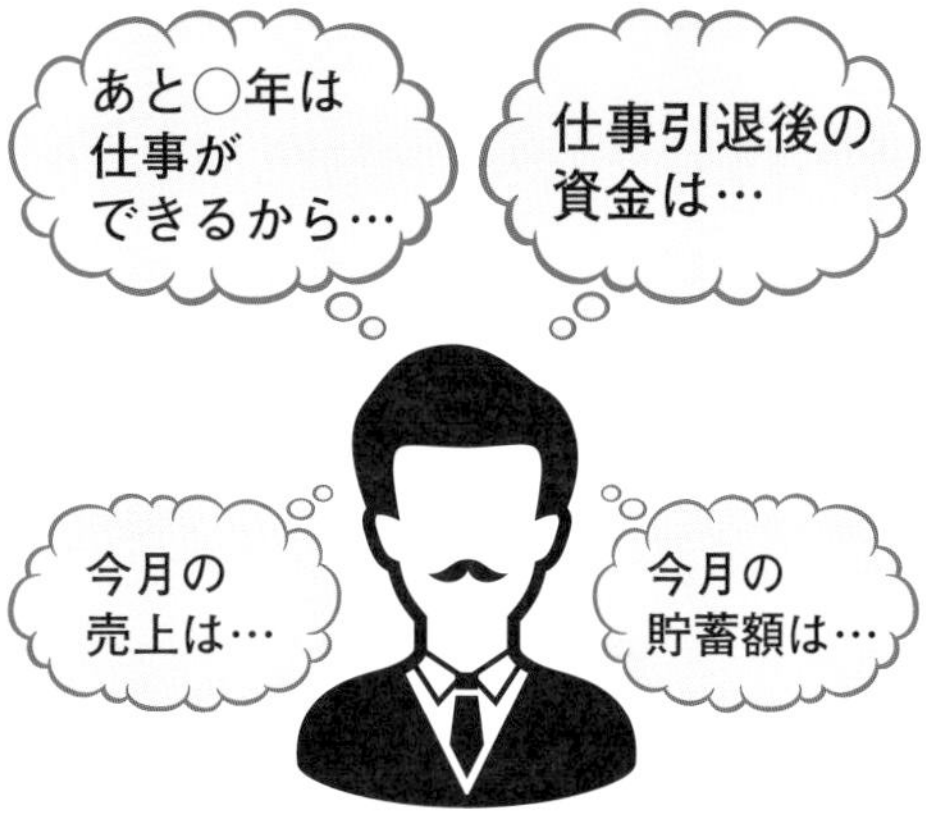
あと○年は
仕事が
できるから…
仕事引退後の
資金は…
今月の
売上は…
今月の
貯蓄額は…

自分の生活費や引退後の資金などをしっかりと考えられる

「1人経営」は問題解決のカギになる

これからは多くの変化がとても速いスピードで起こり、ぼやぼやしていると時代から取り残されてしまうかもしれません。その一つの解決策として、「起業する人が増えること」「1人経営が増えること」が大きなカギになるでしょう。

「1人経営」とは、1人（社員ゼロ）、もしくは超少人数（スタッフ2〜3名まで）で行う経営です。基本的には従業員が必要なく、完全に1人で経営を行うことを想定しています。1人で経営すると、経費などの支出を小さくできるので、それに伴い必要な売上高も減らせます。必要売上高が減ると経営が楽になり、経営者がストレスから解放されます。

「1人経営」は、経営や事業だけでなく、自分の生活費や仕事引退後の資金の問題などもしっかり考えて対策することが肝になります。ですから、高齢化に伴う金銭的な問題などを解決する一つの答えになる可能性も秘めています。

Section 1 これからの日本経済と会社について考えよう まとめ

- ✔ これからの日本の総人口・生産年齢人口は減少していく。そのため、経済規模が小さくなっていくのは避けられない
- ✔ 日本経済の緩やかな衰退を前向きにとらえて、その中で自分はどう生きていくのかを考えたほうが建設的
- ✔ 「大企業だから安泰」という考え方は、通用しなくなった。それどころか、「大企業だからこそ、これから厳しくなる」
- ✔ 「自分の仕事はロボットやAIに代わるのか」を考え、「代わったらどう活動していくか」をポジティブに考える
- ✔ 機械化が進めば、ローコストで生活できるようになり、無理のないスマートな経営を目指せるようになる
- ✔ 会社で働けば一生面倒を見てくれる時代は終わった。これからは、自分でキャリアプランを組む必要がある
- ✔ これからは、「好きなことや得意なことをして生き、なるべく長く仕事をする」ことが求められるようになる
- ✔ 1人もしくは超少人数のスタッフ（基本的には従業員ゼロ）で仕事をして、稼いでいくというのが「1人経営」のスタイル
- ✔ 事業をはじめるときや事業を再構築するときは、国際情勢の変化になるべく影響されないものを選ぶ
- ✔ 「1人経営」だと支出を小さくできるので、必要な売上高も減らせる。すると経営が楽になり、ストレスから解放される

Section 2

会社を大きくしてはいけない

会社を大きくする弊害

右肩上がりを目指すと、途中で崩れやすい

破たん！
よし、
会社を大きく
するぞ！
ええっ！
そんな…
1人経営にすれば
よかった…
会社も社員も
どうしよう…

これから経済が縮小していくようになると、右肩上がりの成長は難しくなる

右肩上がりを目指すと大半の会社は崩れる

会社は大きくしないほうがいい、それが私の結論です。理由はいくつかあり、一つ目は、「右肩上がりを目指すと大半は崩れていく」からです。経済が縮小していき、全体の売上が下がっていくようになると、右肩上がりの成長を続けていける企業は絞られていきます。

むしろ、売上を右肩下がりに少しずつ収束していき、その中で利益をどう出すかということを考えたほうが、よっぽどうまくいく確率が高いはずです。

二つ目は、「『人の問題』が顕在化する」からです。

人が2人いるとき、人同士の関係性は1本の線のみになりますが、3人になると関係性の線が3本、4人になると6本、5人になると10本……といった具合に大きく増えていきます。すると人同士の軋轢が生まれやすくなり、組織がうまくいかなくなって、仕事が回らない事態になる可能性があります。

さらには、仕事を任されている

人が辞めるリスクもあります。

私の友人で利益率の高い会社を10人程度でやっている社長がいますが、従業員が同時期に何人も辞めてしまったとき、仕事が回らなくなったと漏らしていました。

会社を拡大していくと縮小するのが難しい

三つ目は、「会社を大きくすると、小さくしていくのが難しい」からです。売上を増やして、その仕事をこなすために従業員を雇うと、場所や設備を用意しなくてはなりません。だからといってまた売上を増やし、従業員も増やすと、また場所や設備の問題が出てきます。

移転や拡張、支店の設置などを繰り返しながら会社を大きくすると、この流れを止めて前の状態に戻ることが非常に難しいのです。

売上・仕事を減らすことは、従業員の食いぶちを不安定にさせることになるので、そうそうできることではありません。先に従業員を減らそうとしても簡単に解雇はできませんし、拡張した設備を小さくしていくのも困難です。

拡大よりも縮小のほうが難しいので、私たちは会社を大きくしないようにするべきです。

1人会社を成功させる CHECK POINT

1. 売上を右肩下がりに収束させ、その中で利益を出す方法を考える
2. 会社を大きくしていくと、「人の問題」が顕在化する
3. 会社を大きくすると、小さくしていくのが難しい。維持するのは本当に大変

会社を大きくすると、人の問題が顕在化する

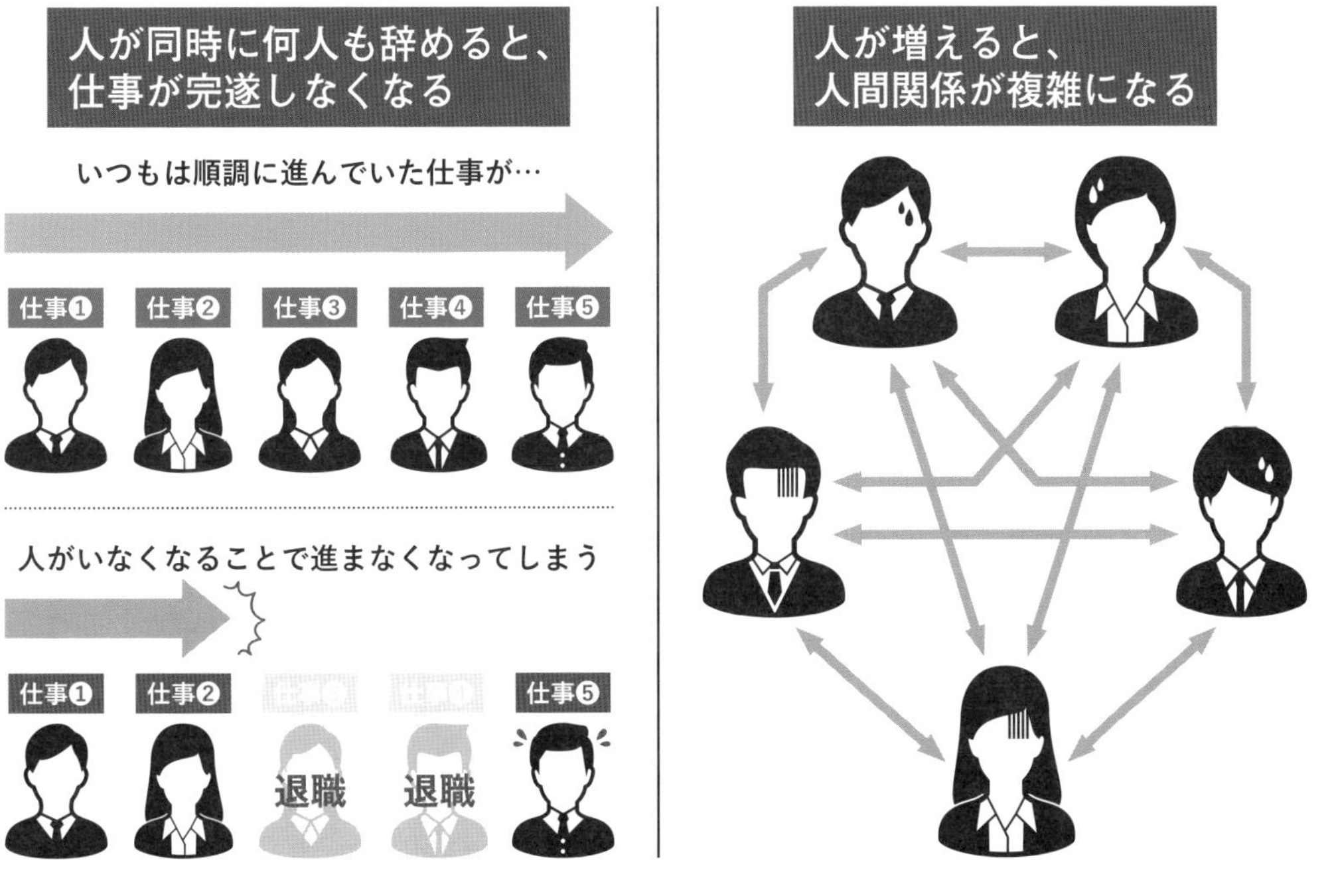
人が同時に何人も辞めると、仕事が完遂しなくなる
いつもは順調に進んでいた仕事が…
仕事❶
仕事❷
仕事❸
仕事❹
仕事❺
人がいなくなることで進まなくなってしまう
仕事❶
仕事❷
退職
退職
仕事❺
人が増えると、人間関係が複雑になる

これからの時代に合うのは「1人経営」

小回りがきくことは これからの時代に有利

これからの時代に合うのは「1人経営」です。超ミニマムに1人で事業を行うことこそが、時代に合っています。そのメリットは数多くありますが、そのうち一番大きなものは、「小回りや方向転換が容易」ということです。

大きい企業を小さくしていくのは大変難しいと述べましたが、小さい会社は売上を下げながら利益を増やしていくやり方もできます。経費を上手に削減して、利益を確保すればいいのです。

また、時代に合わない事業をやめて新しいことをはじめ、軌道に乗せていくことも比較的簡単です。

例えば、学習塾を経営していたけれど少子化が進んで売上が停滞しているのなら、大人のための自習室やセミナールームの運営などに転換することが考えられます。

さらに、軌道に乗った仕事は人に任せ、自分は新しいことにチャレンジをしていく、という生き方もできます。現在の仕事を外注し、

「1人経営」のメリット

新しいことにチャレンジできる
軌道に乗った仕事は人に任せて、
これから新しいことをはじめよう！
これからの時代はAIを活用して…
いろいろできそうだ！
方向転換が容易
〇〇学習塾
生徒数が減ってしまった
う〜ん…ダメなのかな
セミナールーム
順調に集客できている！
こっちに変えて正解！
事業の状況や時代の変化に合わせて、すぐに方向転換できる

「1人経営」の投資の仕方

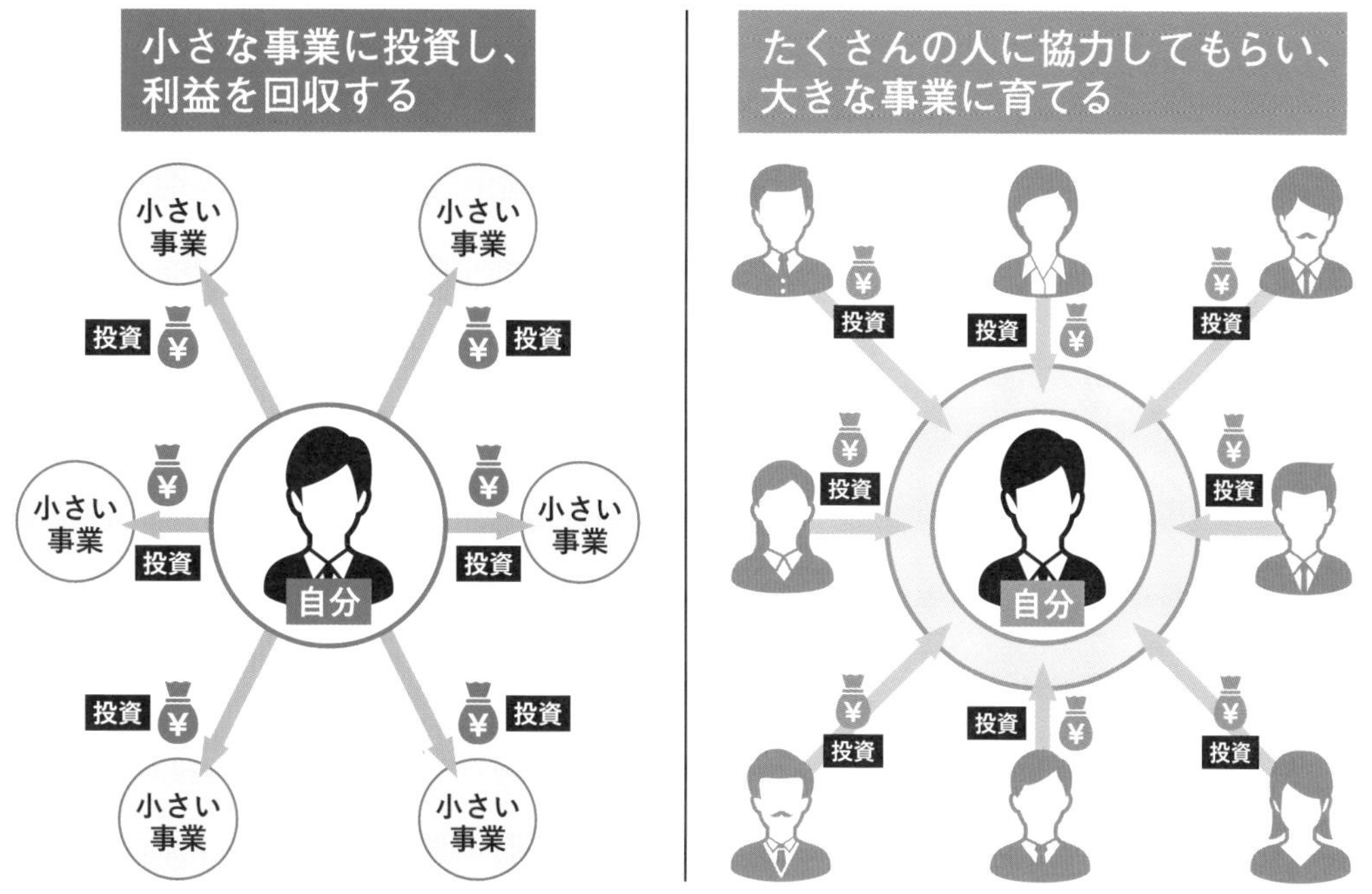
小さな事業に投資し、利益を回収する
小さい事業
投資
自分
たくさんの人に協力してもらい、大きな事業に育てる
投資
自分

自分は新しい事業を展開するのです。そして、重しを乗せながら生きていくのではなく、気持ちを軽くして生きていくことが可能です。

「1人経営」なら「投資」がしやすい

これまでの内容から少しそれてしまうかもしれませんが、「投資」について話をしたいと思います。

ここまで「経営」と言ってきましたが、その本質は「投資」です。

まずはタネ銭をつくり、そのタネ銭を事業に投資していきます。そして、必ず利益を出し、その利益をあとで回収するのです。

一つのことに賭け、そこに大金をはたいてたくさんの人に協力してもらうというやり方があります（通常の株式会社の投資の仕方）。

一方で、1人がそこそこの金額を投資して、その投資した先で事業を膨らませることなく、効率的に利益を出して回収していく方法もあるのです。

「1人経営」の体制ならば、その「投資」がしやすくなります。ごくごく小資本でもいいですし、ごくごく小さい事業でも構いません（資本の額は関係なく、「投資する」という考え方が大事です）。

1人会社を成功させる

CHECK POINT

1. 時代に合わない事業をやめて、新しいことをはじめられる
2. 軌道に乗った仕事は人に任せて、新しいことにチャレンジできる
3. 重しを乗せながらではなく、気持ちを軽くして生きていくことが可能になる

「1人経営」は生産性の向上がしやすい

自分の意識次第で、生産性を向上できる

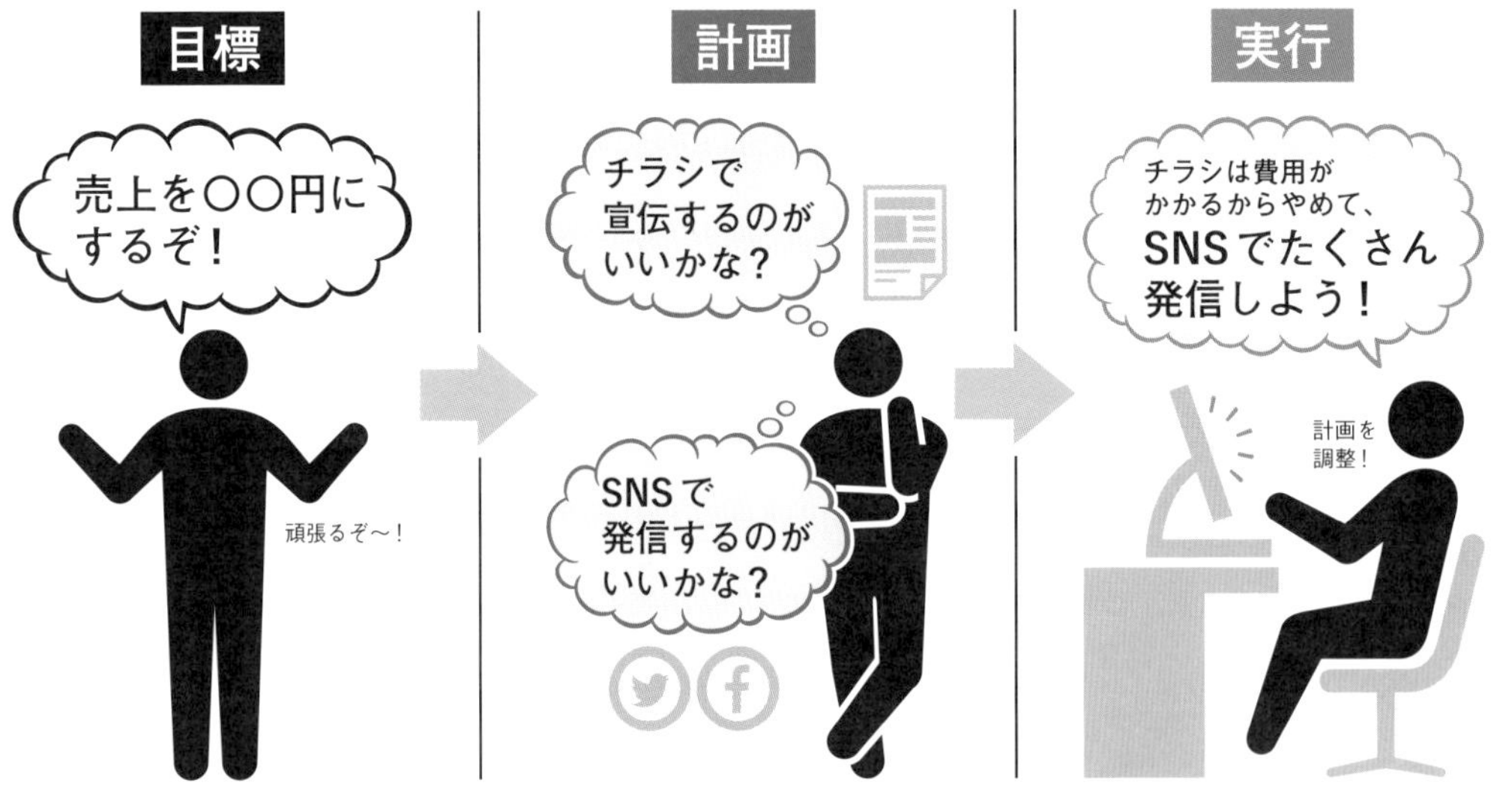
目標
売上を○○円にするぞ！
頑張るぞ〜！
計画
チラシで宣伝するのがいいかな？
SNSで発信するのがいいかな？
実行
チラシは費用がかかるからやめて、SNSでたくさん発信しよう！
計画を調整！

1人なら、計画の調整や変更が容易で、生産性を上げやすい

生産性の向上も「1人」なら容易に

これからは「生産性を上げる」ことが、とても大事になります。生産性を上げるためには、「労働時間を減らす」ことが重要です。

勤勉も大事ですが、いまだに「長い時間働かなければならない」などと考えている方が多くいます。仕事上の課題を、時間をかけることで解決しようとしている人も多いでしょう。

しかし、「1人経営」では、その長時間労働を、経営者の意識次第で減らすことができます。小回りがきくため業務の改善などもやりやすいはずです。その点で生産性の向上は容易であると言えます。

目標を達成するための計画を実行するには、進捗や進む方向、世の中の流れなどに合わせて日々計画を調整していかなければなりません。ときには計画を大きく変えることも必要になるでしょう。

「1人経営」では、社長1人が変われればいいわけですから、方向転換や調整も容易にできるはずです。

Section 2 会社を大きくしてはいけない 11

小さいことによる メリットはこんなにある！

「1人経営」のメリットは他にもある

一つは、「家計と結びつけた経営計画を立てられる」こと。これはとても大きなメリットです。

私は10年以上税理士の仕事をして、多くの経営者や社長と会ってきましたが、家計管理ができている社長が経営している会社は、ほとんどがうまくいっています。

まずは、個人の会計をしっかり管理して、どれくらいの役員給与（自分の給与）が必要か、そのためにどれくらいの売上が必要かを計算する必要があります。逆に言うと、個人の会計管理から会社の会計管理につなげられることが、「1人経営」のメリットでもあります。

次に、22ページのような「人の管理」が少なくてすみます。また、人が少なく規模が小さいほど、撤退する（事業をやめる）障壁が低くなり、事業をやめたり切り替えたりすることも容易になります。

さらに、新しい事業に変更したり、新しい事業を副業的にはじめることもやりやすくなるのです。

家計と経営計画を結びつけるメリット

たとえ経済が縮小しても…
合わせて家計をコストダウン
必要な売上高も小さくできる
余裕のある経営ができる
売上が小さくても大丈夫！
無理をしないでOK！
家計が管理できると…
どのくらいの役員給与（自分の給与）が必要かわかる
必要な売上高も計算できる
なるほど、わかりやすい！
家計管理ができている社長が経営している会社は、ほとんどがうまくいっている

オフィスや従業員はもういらない

拡大していく経営はもう必要ない

規模を大きくしていくとオフィスを大きくする必要があり、そのためさらに人を増やさなければならないといった拡大スパイラルに陥ります。それを避けるためには、はじめから小さい規模でやっていくと決めておくといいでしょう。

つまり、オフィスや従業員を必要としない経営をするのです。

人には固定概念があるので、会社を経営するのであれば、従業員とオフィスが必要という考え方が根強く残っているようです。

オフィスの充実度や豪華さ、スタッフの数でその経営者を評価しようとしているのだと思いますが、そのような固定観念はもう古すぎです。これからは、1人で、得意で大好きなことをずっとやっていくことが大事になるでしょう。

「1人経営」が社会を活性化する

AI・ロボット・機械が活躍す

拡大スパイラルに陥らない

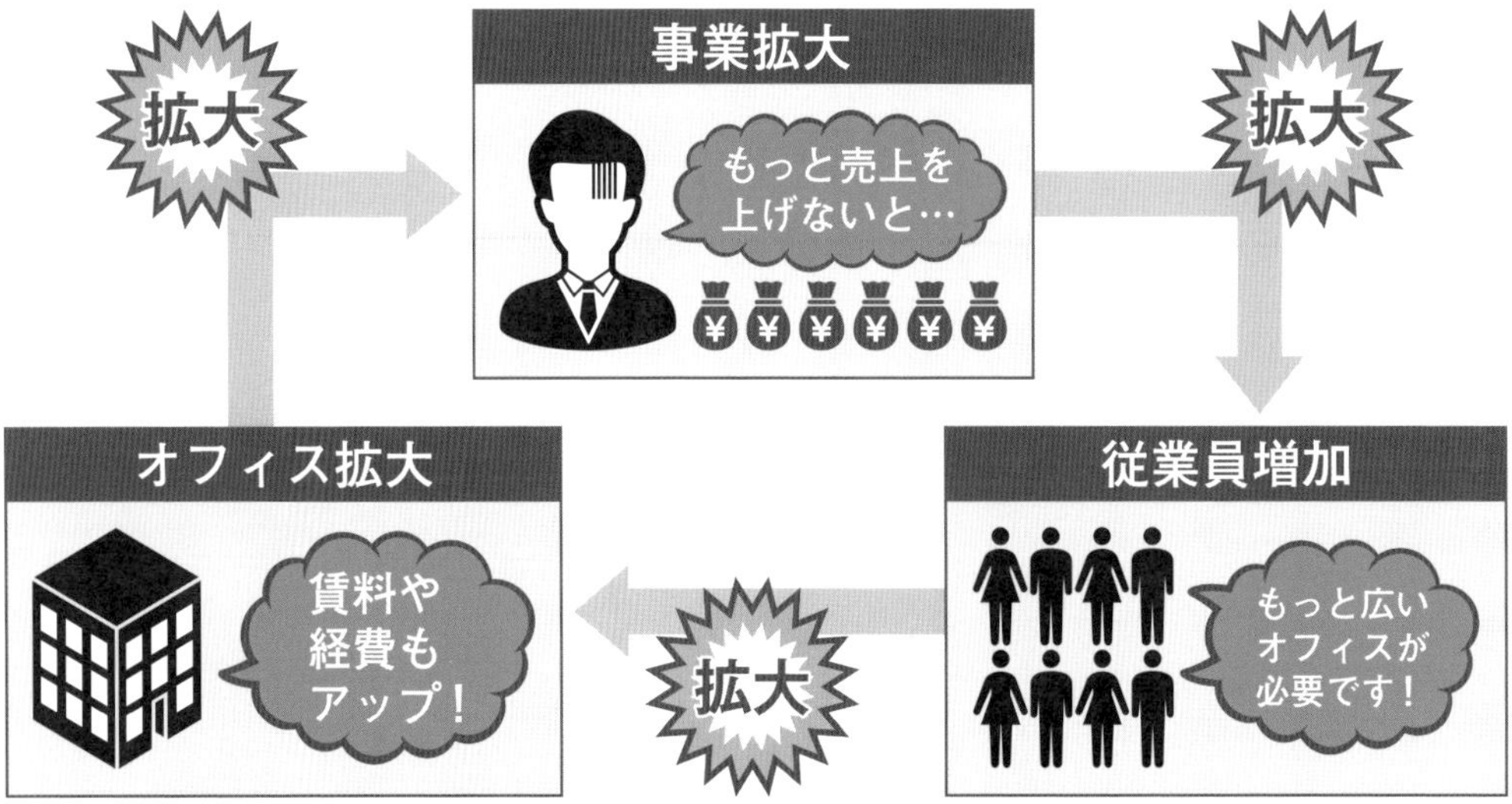
事業拡大
もっと売上を上げないと…
拡大
従業員増加
もっと広いオフィスが必要です！
拡大
オフィス拡大
賃料や経費もアップ！
拡大

増えた従業員や大きなオフィスを維持するために、さらなる拡大が必要になってしまう

経営者がやるべきなのは、「自分にしかできない仕事」

これは経営者がやるべき仕事！
こっちは皆さんにお願いしよう！
自分にしかできない仕事
それ以外に必要な仕事
それ以外に必要な仕事
他の1人会社
他の1人会社
他の1人会社

他の必要な仕事は外注することで1人会社が増え、社会の活性化にもつながる

るであろう未来では、それしか生き残る方法がないと言っても過言ではありません。

会社を大きくして、従業員をたくさん抱えるということは、画一的な仕事を標準化していく方向へ進むということになります。それはつまり、ロボットやAIが得意とする部分に向かっていくということです。結果、その仕事自体がなくなる可能性も高まります。

1人で、自分にしかできない仕事をやっていけば、機械化の波にのまれることもありません。逆に**うまく機械化の波に乗ることができれば、どこでも仕事はできます。**

さらに標準化された事務処理作業もほとんど必要なくなります。自分でやる作業があるとしても、手間はかからなくなるはずです。

経営者がやるべきなのは「自分にしかできない仕事」であって、それ以外に必要な仕事は、外注すればいいでしょう。今、従業員にそのような仕事をしてもらっている場合は、その従業員に独立してもらい、仕事として依頼します。

そうすれば、そこにも1人会社が生まれます。元従業員が1人会社でしっかり永続的に利益を出してやっていくことが、社会の活性化にもつながるはずです。

1人会社を成功させる CHECK POINT

1. 「会社経営には従業員とオフィスが必要」という考え方はもう古い
2. AIやロボットなどの機械化に勝つには、画一的な仕事はしない
3. 従業員に独立してもらって仕事を依頼すれば、社会の活性化にも役立つ

外注やスタッフに、どのように仕事をしてもらうか

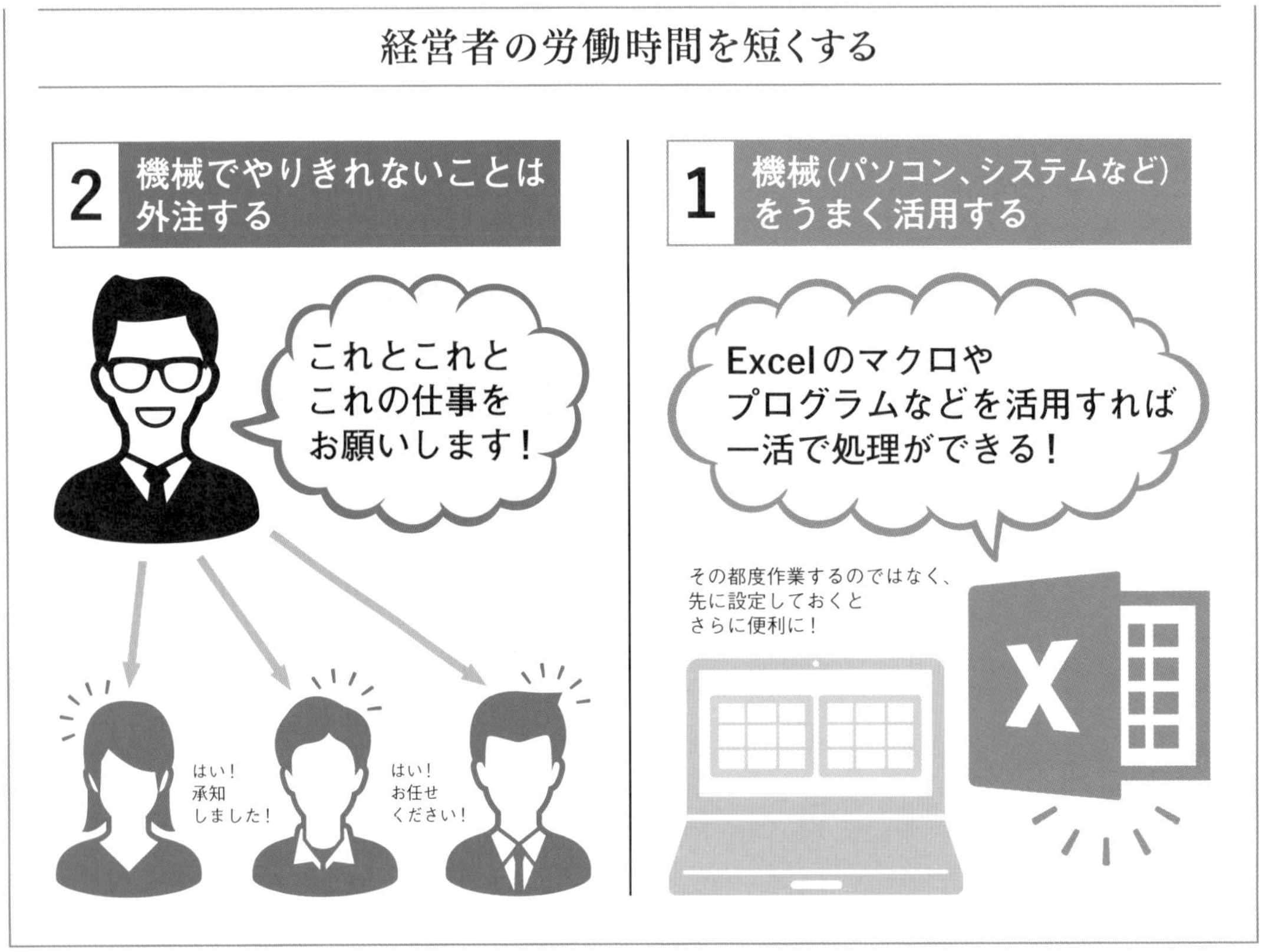
経営者の労働時間を短くする
1 機械（パソコン、システムなど）をうまく活用する
Excelのマクロやプログラムなどを活用すれば一活で処理ができる！
その都度作業するのではなく、先に設定しておくとさらに便利に！
2 機械でやりきれないことは外注する
これとこれとこれの仕事をお願いします！
はい！承知しました！
はい！お任せください！

システムを活用し、労働時間を削減する

「1人会社」「1人経営」においては、自分1人だけで作業が完了する場合もあると思いますが、仕事を誰かにお願いしなければならない状態もあると思います。

まず前提として、1人会社においては、経営者の労働時間をなるべく短くしなければならないというのは前述した通りです。だから、経営者以外でもできる仕事は、なるべく他の人、もしくは機械などに任せることが大事になります。

まず、機械（パソコン・システムなど）でやれることは任せてしまいます。大量の処理などで自動的にできることは、うまくコンピュータや機器を使いましょう。

人件費は固定化せず、変動費にする

それでも残ったできない仕事は、人にお願いすることになります。

1人会社では、なるべく固定費を増やさずに経営したいので、正

社員を雇うことはお勧めしません。

つまり、**1人会社では、人件費を固定費にせず変動費にする**、というのが正解となります。

固定費とは、売上がなくても毎月かかってしまう費用のことで、変動費とは、売上に比例してかかる費用のことです。外注先やパート・アルバイト、在宅勤務の方に仕事をお願いすることは、人件費を変動費化するということです。

外注やパートなどのスタッフにどのように仕事をしてもらうかは、とても大事なことです。

お願いした仕事を、納期までに問題のない質で返してもらうためには、当たり前ですが、上から見下すのではなく、**対等のビジネスパートナーとして仕事を依頼することが大切です**。料金も、常識の範囲内で設定し、期限までに（なるべく早く）支払うことが大切になります。

人手不足なら、「クラウドワークス」などのサービス（サイト）に、仕事をしたい人が待ち構えています。このようなサービスを使って仕事を依頼するのもアリです。

仕事を依頼したら、あとは期限までに正確にやってもらえばいいだけです。**時間と労力、お金のかかる「管理」も必要なくなります。**

1人会社を成功させる

CHECK POINT

1 パソコンやシステムなどを活用し、労働時間を削減する

2 外注スタッフには、対等のビジネスパートナーとして仕事を依頼することが大切

3 外注すると固定費を削減でき、「管理」なども不要になる

外部の力を使うメリットと、依頼する際のポイント

ポイント
対等のビジネスパートナーとして仕事を依頼すること
メリット
人件費を固定費にせず、変動費にできる
ポイント
料金や支払期限をきちんと守ること
メリット
時間と労力、お金のかかる「管理」が不要

雇われない生き方、雇わない生き方

「資本主義」は〝搾取〟で成り立つ

戦後日本の高度成長期・安定成長期の社会では、人を多く雇って、画一的な仕事をやってもらうことが、会社の成長や発展につながっていました。従業員側も、雇われて安定を保障されることが大きなメリットになっていました。

しかし、これからは「縮みゆく時代」です。大量生産・大量消費を前提にした「労働力による成長」を捨て、究極的には「雇われない生き方、雇わない生き方」が求められるでしょう。

マルクスが『資本論』で述べたように、**世の中には資本家と労働者という2種類の人間がいて、資本家が労働者から搾取することで資本主義がうまく回っています。**

〝搾取〟という言い方が強烈で、いい意味にとらえられないかもしれません。しかし、実際に労働者は頑張って働き、自分の給与を得るとともに、自分の給与以上の部分を稼いで資本家に提供する仕組みになっています。労働者の給与以

労働者は、資本家から搾取されている

労働者は自分の給与以上を稼いで、資本家に提供している。だから、「資本主義がうまく回っている」とも言える

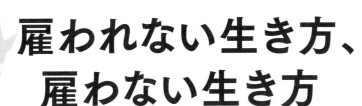

「1人経営」なら、搾取しない、搾取されない

経済が縮小すると ➡ 搾取が苦しくなる
これからは「個」の時代だ！
成長期のように
人と同じようにしていても
儲かる時代は終わった！
10000

人を雇わないから➡「人から搾取しない」、
人に雇われないから➡「人に搾取されない」ですむ

上の部分を資本家が得られなければ利益は出ず、会社はつぶれてしまい、労働者も困ります。だから、搾取は必要なことなのです。

〝搾取〟しない、〝搾取〟されない生き方

ただ、私個人としては、そのような搾取の構造を、従業員にわからせないままうまく使うのが好きではありません。だから、人を雇わない、人に雇われない仕事をしようと言っているのです。

「縮小していく時代」には、搾取も苦しくなってきます。従業員が稼ぐ金額が小さくなるのですから、給与水準を保とうとすると、搾取度合いが小さくなります。ならば、はじめから雇わないと決める。つまり1人で経営すればいいのです。

これからは「個」の時代です。成長期のように、人と同じようにしていたら儲かる時代は完全に終わっています。1人1人が何をすべきかを考え、学び、実行していくことが肝心です。

ただ雇われて搾取され、給料をもらって生きていくだけでは、ますます大変になります。人を雇って搾取しない、人に雇われて搾取されないようにしたいものです。

1人会社を成功させる
CHECK POINT

1 「縮みゆく時代」では、「雇用」で安定は保障されない

2 「1人経営」をして、はじめから従業員を雇わなければ、人から搾取しないですむ

3 1人1人が何をすべきか考え、学び、実行していくことが肝心

売上の上げ方（営業と集客）

売らなくてもお客さんがくる、効率のいい商売を選ぶ

ネットの商売なら「工夫」が重要

例えば
SNSで有名になれば多くの人が勝手にサイトを見にくる

誰でも無料で見られるので、目につくように工夫する

飲食業なら「立地」が重要

例えば
駅から徒歩１分！
例えば
まわりが静かな街

立地が悪ければ、美味しくてもお客さんはきてくれない

まずは「何を選ぶか」が重要。
商売を決めるときには、勝手に売れるものを選ぶこと

「1人経営」では「商売の選択」が大事

1人会社が、最低限の売上を上げるための営業や集客に大切なことは、大きく分けて次の二つです。

①営業ではなく、売らなくてもお客さんがくる効率のいい商売を選ぶこと

②商売を効率よく広めること

まずは「何を選ぶか」ということ。商売を決めるとき、勝手に売れるものを選ぶことが大事です。

飲食業であれば、まず、立地が重要です。立地が悪ければ、いくら美味しいものを提供してもお客さんはきてくれません。ある程度は、お客さんが自然にくるほうがいいに決まっています。

ネットで商売ができるならば、立地は関係ありませんが、ネットは無料で誰でも見られるので、人の目につくような工夫が必要です。

TwitterなどのSNSで自分自身が有名になれば、何十万人の人が勝手にサイトを見にくるので、「売らなくてもお客がくる」ようになるかもしれません。

売上が多すぎてもいいわけではない

いくら売上が多くても「粗利※率」が高くなければ、商売として成立しない場合もあるので、商売の種類は慎重に選ぶ必要があります。社長の労働時間も原価と考え、なるべく少なくして粗利を多くする、という考えでいきましょう。

　これらを総合すると、まず大切なのは、営業をガンガンやって多くの売上を上げるよりも、粗利率が高くて仕事自体の効率がいい商売を「よく考えて選ぶ」ことです。

　商売に大切なのは「マーケティング」ですが、1人会社においては、マーケティングに頼りすぎると危険なこともあると思います。

　売上を増やしすぎてしまうと、経費レベルも上がってしまうので、売上が減ったときに利益が出ないということになりかねません。

　そう考えると、1人会社においては、「小さなメディアをつくっておく」ことが大事になります。

　例えばSNSを使って、自分の活動や商売についてわかりやすく書き、毎日更新していれば、定期的にその小さなメディアを読んでくれる人が増えるので、売上につながる可能性が高まります。

1人会社を成功させる CHECK POINT

1. 営業活動をしなくても、お客さんが集まってくる商売を選ぶ
2. SNSなどの「小さなメディア」をうまく使えば、お客さんを集めることができる
3. 社長の労働時間も原価と考え、「粗利率」が高い商売を選ぶ

売れすぎてもよくない

売上を少なくすれば、経費も少なくできる
これだけ少なければ、
楽に動かせる！
ス〜イスイ♪
経費
売上
売上を増やしすぎると、経費レベルも上がる
お、重い…全然動かない…
これでは前も見えない…
経費
売上

売上が増えると経費も増える！
粗利率が高く、効率のいい仕事を選ぶこと

※粗利は、売上から売上のために必要不可欠な費用（原価）を引いたもの

ビジネスの範囲（1人でできるビジネスを考える）

どんなビジネスでも1人でできる

多人数でやらないと効率が悪すぎるビジネス以外は、すべて1人でできると言っても過言ではないでしょう。飲食業やサービス業などはもちろん、建設業、製造業、小売業、卸売業（商社）、広告代理店、運送業、などなど、どんな仕事でも1人でやることは可能です。

大きな会社で行われていることは結局、事業を大きくして、仕事の量を増やし、それを大人数でやっているだけです。規模を大きくせずに仕事の量を抑えれば、1人で何でもできてしまうのです。

例えば運送業。私のお客さんであるA社は、大手の会社から運送の仕事をもらい、その仕事を外注先（小さい運送業）に依頼するだけです。実際の運送の仕事はせず、コーディネートだけで、「大手からの売上」と「外注先への仕入れ」の差を会社の利益としています。

一方で、同じ運送業のB社は、従業員を20名程度雇って、運送の仕事をその従業員と外注先にお願

大体のことは、「1人」でできる

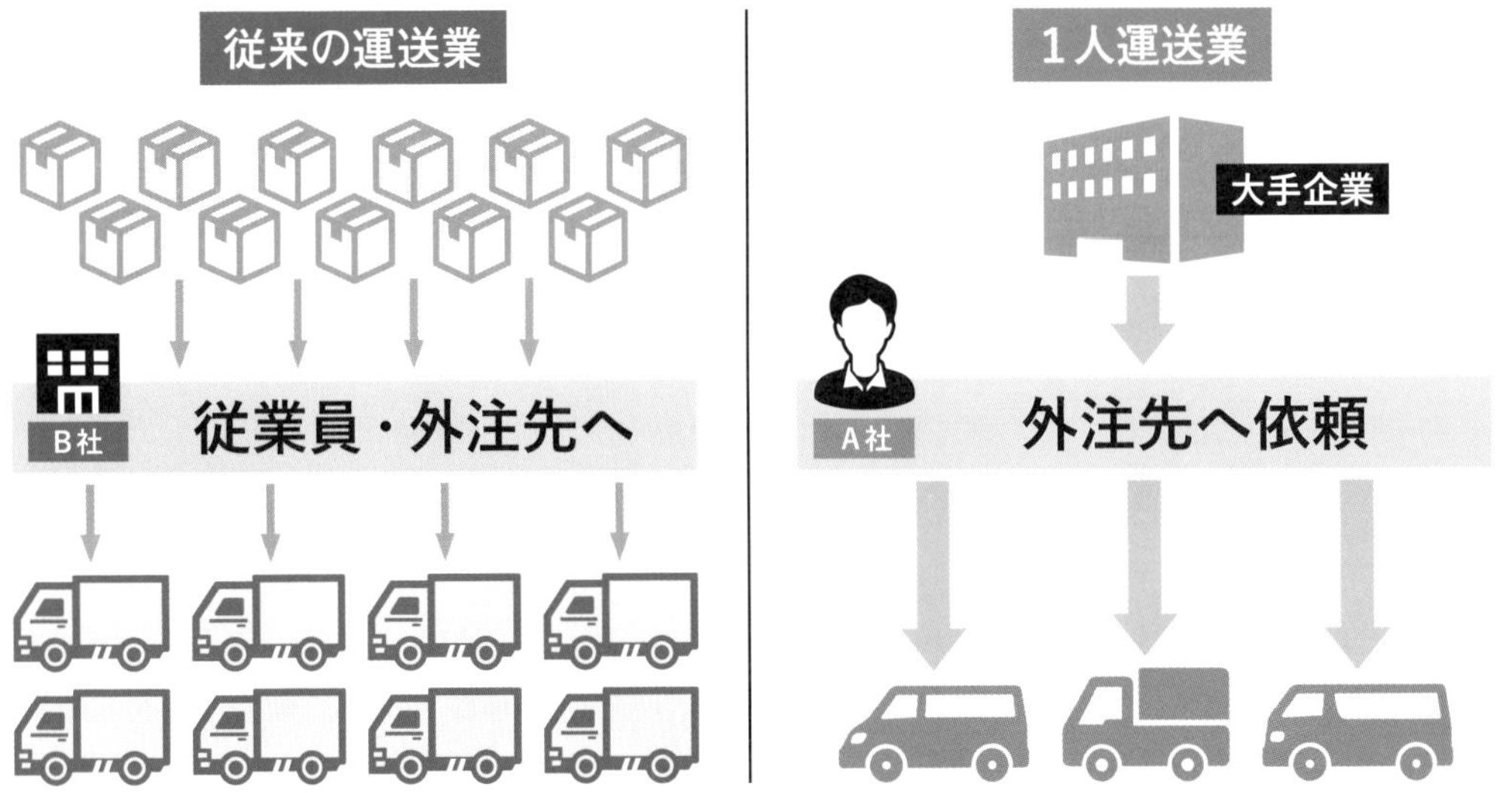
従来の運送業
B社
従業員・外注先へ
1人運送業
大手企業
A社
外注先へ依頼

大きな会社の仕事は事業を大きくしているだけ。
規模をコンパクトにすれば、1人でやることも可能！

「1人」がいい仕事

作家・ライター

おもしろい
本のアイデアを
思いついたぞ！

自分の頭の中で考えたものを表現して稼ぐ仕事

株式トレーダー

円が下がって
いるから…
今が買いだ！

多くの人が関わると判断が遅くなってしまう仕事

小さくするからこそ儲かるビジネス、1人でやるからこそ効率のいいビジネス、1人でなければできないビジネスもある

いすることで利益を得ています。

やっている仕事の内容はほぼ同じですが、一方は完全に1人で、一方は多くの従業員を雇ってやっています。どちらもかなり儲かっているのですが、1人運送業のほうが、少ない労力の割に多くの報酬を得ています。

1人でやるほうが効率のいい仕事もある

従来、多くの労力が必要とされていた業種でも、ITがかなり発達して便利になった結果、1人でできるようになりました。AI・ロボット全盛の時代になれば、どんなビジネスでも1人でできてしまうようになるはずです。

どんな業種でも、はじめたのは1人のアイデアからのはずです。人を雇って拡大しなくても、1人で何でもできるということを念頭に置いておきましょう。

大きくしても小さくても（1人でも）できるビジネスもあれば、逆に小さくするからこそ儲かるビジネス、1人でやるほうが効率のいいビジネス、1人でなければできないビジネスもあります。

これからは、「1人でこそやる商売・仕事」が増えていくはずです。

1人会社を成功させる CHECK POINT

1. ほとんどのビジネスは1人でやることができる
2. AI・ロボット全盛の時代になれば、どんなビジネスでも1人でできるようになる
3. 小さくする、1人でやるからこそ、効率のいいビジネスがある

「1人経営」の例（飲食店、コンサルタント、1人出版社）

1人経営の例：飲食店

固定客をしっかり確保することがうまく運営していくコツ

メニューを少なくすれば、食材の無駄や調理の労力を少なくできる

1人ならいい人材を得る必要がないので、従業員の管理も不要

充分に生活できる売上があればいいと割りきれば、飲食店は1人でも問題なくやっていける

「1人」でできるビジネスの例

ここでは、「1人会社」「1人経営」の具体例を挙げてみましょう。

①「飲食店」

私の知人で、「1人飲食店」をうまく経営している人が複数います。特にカフェなどは、1人でもうまくいく業態です。自分1人の飲食店であれば、いい人材を得る必要もなく、人同士のトラブルも皆無です。はじめから生活していけるレベルのお店でいい、と割りきっていれば、1人でも可能です。

②「コンサルタント」

コンサルタントは、経営数字上のメリットがたくさんあります。まず、「原価がかからない」こと。仕入れは必要なく（知識を得るための本やセミナー代などは原価になるかもしれませんが）、売上がほぼそのまま「粗利」となるので、原価率の低減などを考えて売上を増やす必要がないため楽です。

また、経費もそれほどかかりません。スタッフやオフィスも必要なく、自宅で開業もできます。

コンサルタントの副収入としては、セミナーを開催する、本を書くなどが挙げられます。

知識商売ですので、知識や知恵などを文章にして売ることと結びつきやすいです。執筆は1人で充分ですし、必要な資産もほとんどなく、パソコンがあればいいくらいです。それでいて本が売れると印税収入が入ってきたりします。

時代とともに技術も進歩していく

③「1人出版社」

コンサルタントのところでも少し出てきましたが、これは将来実現し、増えていくであろう「1人経営」の形態です。

IT技術やAI（人工知能）、ロボットなどがどんどん発達することにより、これまで多くの人が関わっていた仕事を、1人でやることが可能になるでしょう。例えば、「Kindle Direct Publishing（KDP）」というサービスは、自分で書いた原稿をAmazonで販売することが可能です。

「1人出版社」（勝手に名づけました）のみならず、これから経済が縮小していけば、1人でやっていく例が増えていくことでしょう。

1人会社を成功させる CHECK POINT

1. 1人で経営すれば、人間関係に悩まされることもない
2. 1人で経営すれば、数字に悩まされることも少ない
3. 新しい技術が進歩していくので、1人でできる事業が増えていく

1人経営の例：コンサルタント

仕入れは必要なく、原価がかからない。売上がほぼそのまま粗利になる
スタッフやオフィスは必要なく、自宅で開業することもできる
セミナーを開催したり、本を書いたりすることで副収入を得られる

コンサルタントはパソコン一つではじめることができ、1人会社にはとても向いている業種

Section 2 会社を大きくしてはいけない まとめ

- 売上を右肩下がりに少しずつ収束していき、その中で利益をどう出すかを考えるほうがうまくいく
- 超ミニマムに1人で事業を行う「1人経営」の一番大きなメリットは「小回りや方向転換が容易」なこと
- 「1人経営」では、経営者の意識次第で長時間労働を減らせる。そのため、生産性の向上も容易になる
- 「家計と結びつけた経営計画を立てられる」こと、「人の管理が少ない」ことも、「1人経営」の大きなメリット
- 会社の規模を大きくする拡大スパイラルに陥らずに、オフィスや従業員を必要としない経営をする
- 経営者の労働時間を短くするために、経営者以外でもできる仕事は、なるべく他の人、もしくは機械などに任せる
- 1人で経営をして、はじめから従業員を雇わなければ、人から“搾取しない・搾取されない”生き方ができる
- 営業活動で売上を上げるよりも、粗利率が高くて仕事自体の効率がいい商売を「よく考えて選ぶ」こと
- 規模を大きくせずに仕事の量のバランスを取れば、どんなビジネスでも1人でやることは可能
- 1人で経営すれば、人間関係に悩まされることもなく、経営数字上で悩まされることも少ない

Section 3

1人会社の「お金」について考える

資金繰りを考えなくてもいいようにするのが経営の極意

会社が大きくなると資金繰りに悩むことに

「社長の主な仕事は、資金繰りである」などと言われることがあります。

会社では現金がなくなってしまったら、終わりを覚悟しなければいけません。ですから、当然資金繰りは重要な課題です。

しかし、資金繰りという仕事は建設的ではありませんし、未来につながる仕事でもありません。この資金繰り、なるべくやらなくてもいいようにしたいものです。

会社の規模が大きくなってきて、売上や仕入、外注費や経費の支払いなどが増えてくる。そして人が増え、給料を払わなくてはいけない。だから借り入れをする。借り入れをしたら絶対に返済期日に返さなければいけない。

このようにして、会社が大きくなってくると、資金繰りに頭を痛めなくてはならなくなります。

十分な売上を計上することもできないのに従業員を増やし、設備をよくして、経費をたくさんかけ

会社の大規模化は、資金繰り悪化の元

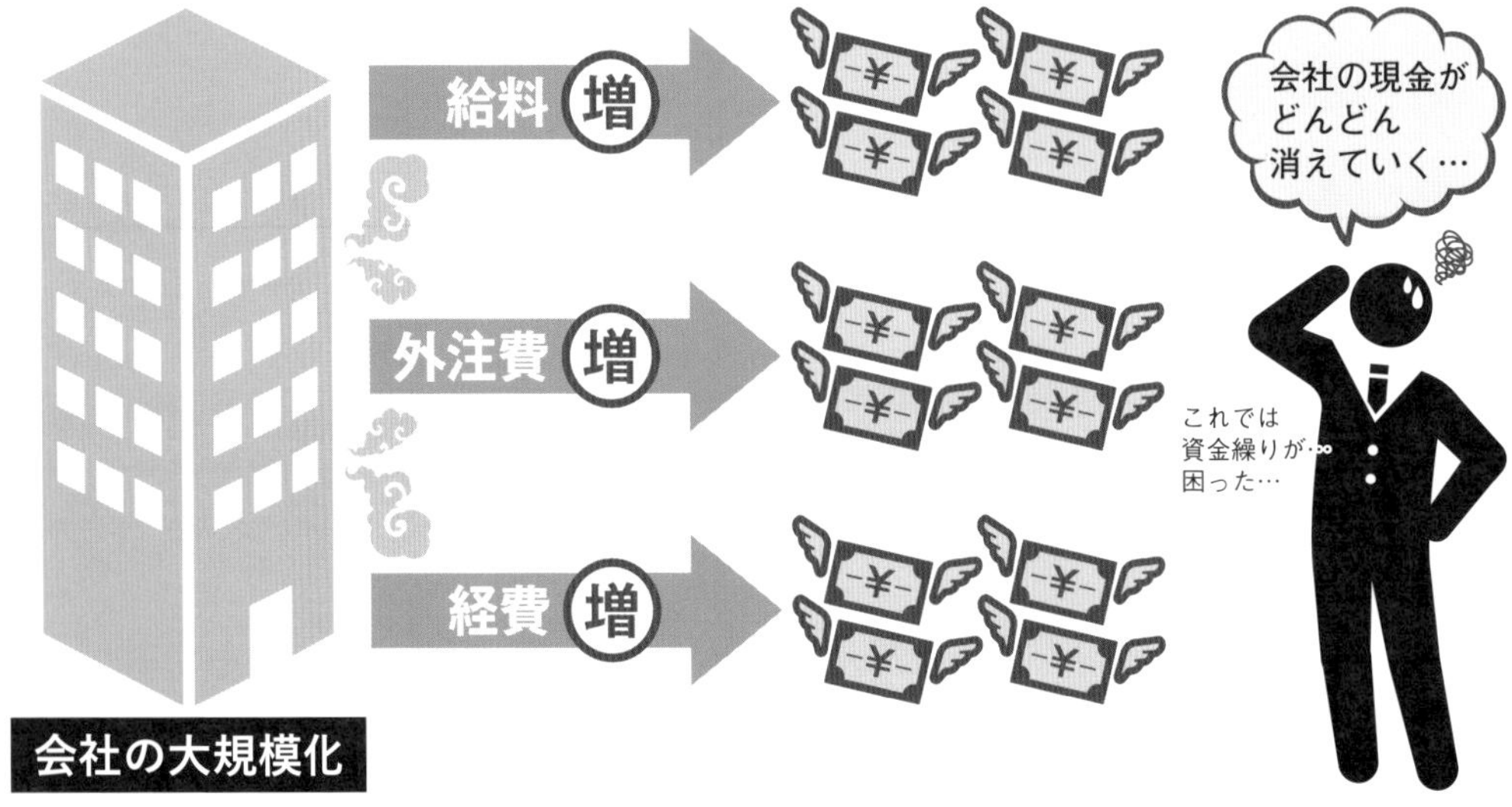
給料 増
外注費 増
経費 増
会社の大規模化
会社の現金がどんどん消えていく…
これでは資金繰りが…困った…

会社の規模が大きくなると、従業員の給料、外注費、経費なども増え、資金繰りに頭を痛めることになる

「1人経営」なら、資金繰りに悩まない

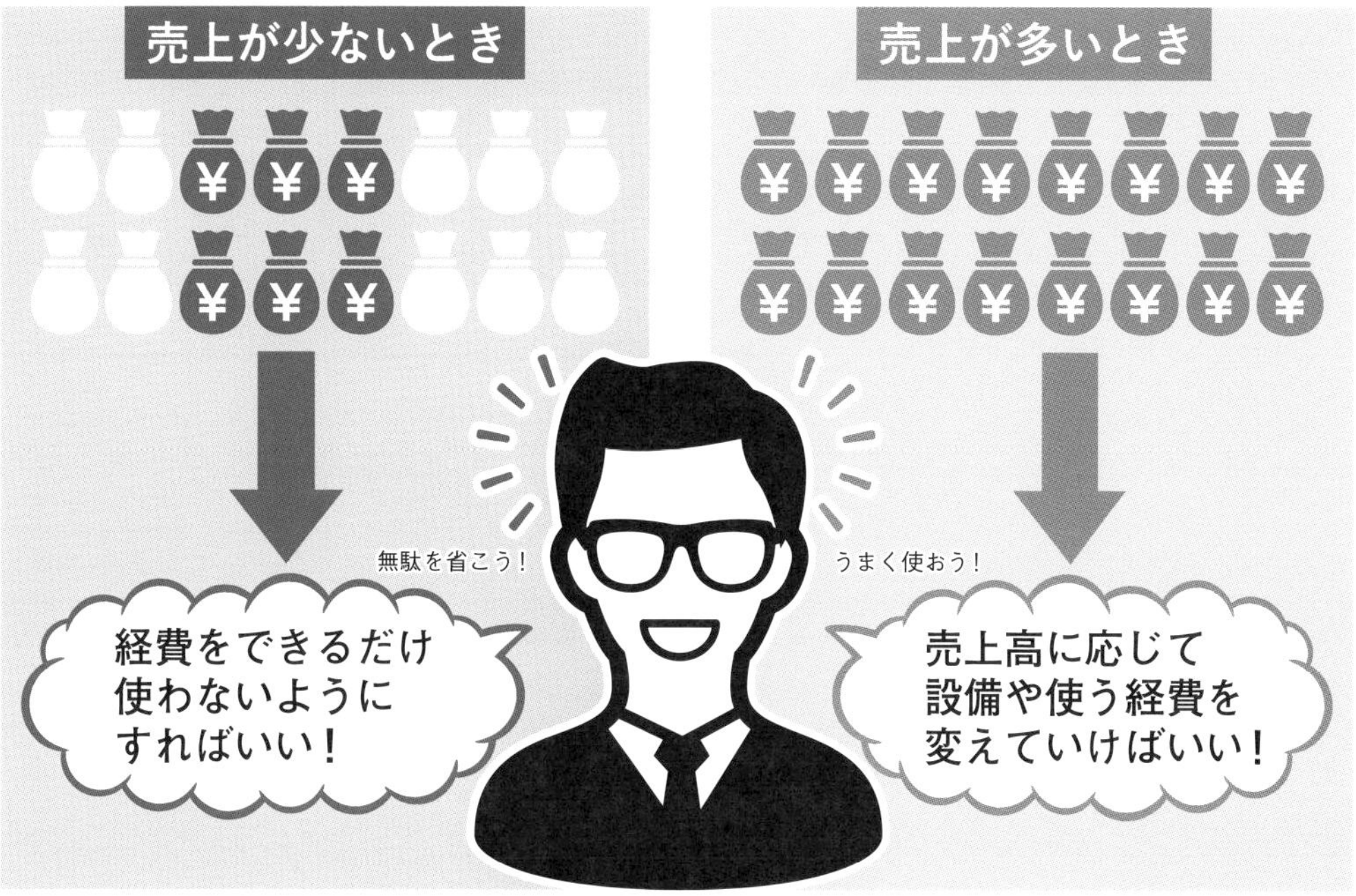
売上が少ないとき
売上が多いとき
無駄を省こう！
うまく使おう！
経費をできるだけ使わないようにすればいい！
売上高に応じて設備や使う経費を変えていけばいい！

る、借入金を食いつぶす。そういったことが、資金繰りに悩む原因となっているのです。はじめから無理をしなければ、資金繰りに悩むことなどありません。

「身軽であること」で悩むことがなくなる

資金繰りに悩まないようにするためには、やはり「身軽であること」がとても大事です。

人を雇わず、設備にお金もかけず、無駄な経費を使わず、借り入れもしなければ、資金繰りに悩むことなど皆無です。無理をして大きくしようとするから、資金繰りに悩むのです。

そもそも、1人で経営していけば、資金繰りに悩むことがありません。売上を大きくすることはできませんが、売上高に応じて設備や使う経費などを変えていけばいいわけです。売上が増えても、贅沢する必要はまったくなく、地味にやっていけばいいのです。

毎月の資金繰りに頭を悩ませている社長は、なぜそうなっているのかをよく考えてみましょう。

そしてその原因を取り除き、毎月利益がしっかり出るように経営構造を変えていきましょう。

1人会社を成功させる
CHECK POINT

1 会社が大きくなってくると、資金繰りに頭を痛めることになる

2 1人で経営していけば、資金繰りに悩むことなど皆無

3 資金繰りに悩んでいる社長はその原因を取り除き、経営構造を変えていく

「逆算式経営計画」でお金の不安が解消する①

家計から逆算して、必要売上高を求める①

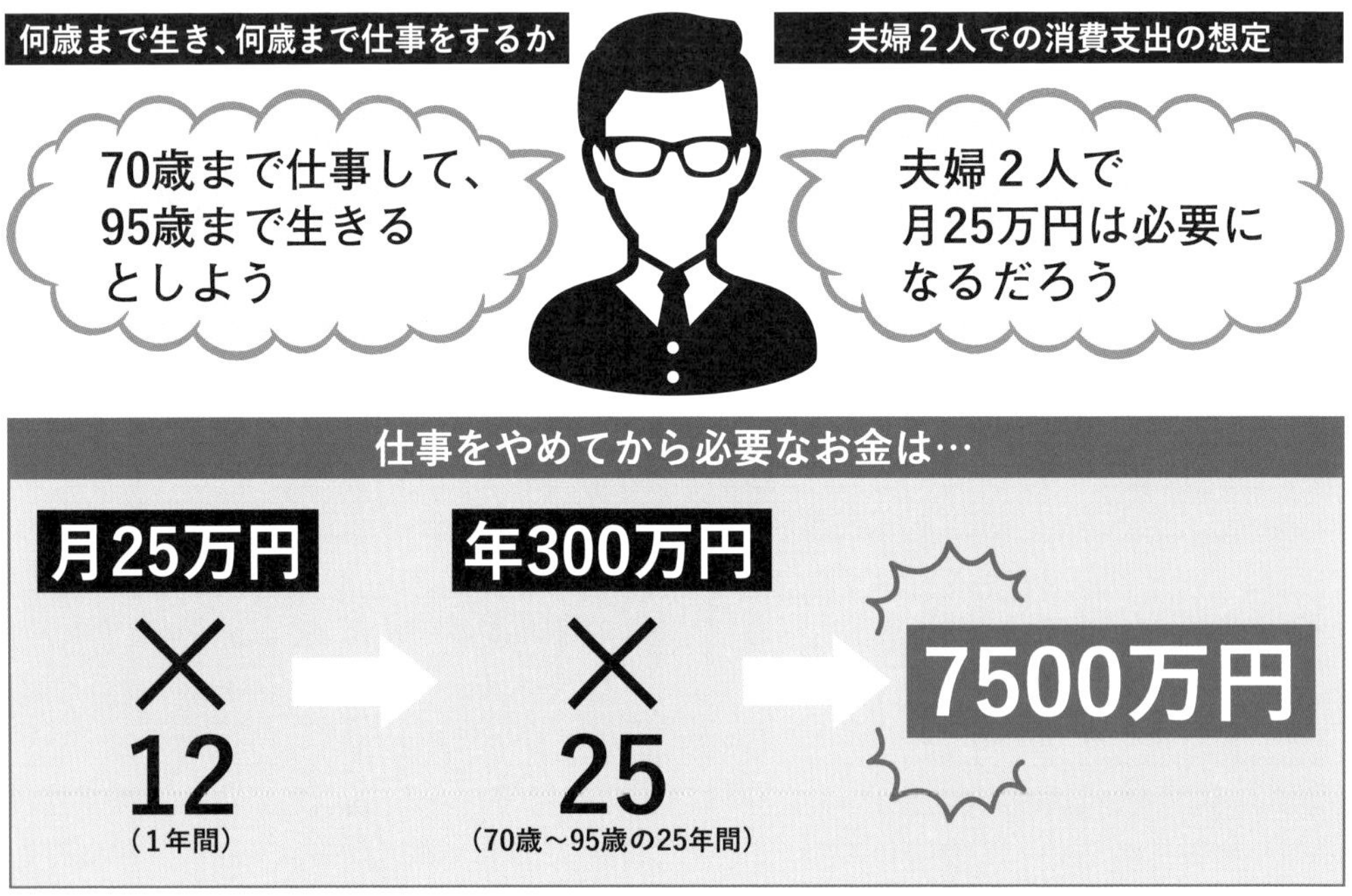
何歳まで生き、何歳まで仕事をするか
70歳まで仕事して、95歳まで生きるとしよう
夫婦２人での消費支出の想定
夫婦２人で月25万円は必要になるだろう
仕事をやめてから必要なお金は…
月25万円
×
12
（1年間）
年300万円
×
25
（70歳～95歳の25年間）
7500万円

まず何歳まで生き、仕事をするかを決める

通常の経営では、「どれくらいの売上を上げていくか」にフォーカスされることが多いです。しかし、小さな企業の経営においては、「家計から逆算して必要売上高を求める」「必要売上高はなるべく小さくする」ことが大事です。具体的に説明していきましょう。

まず何歳まで生き、何歳まで仕事をするかということを決めます。次に仕事をやめてから（稼ぐのをやめてから）死ぬまでにいくらのお金がかかるかを計算します。インフレが起こる可能性もありますが、お金の価値は今のままで進むと仮定して考えていきましょう。

総務省の統計調査（２０２０年３月）によると、総世帯の消費支出はざっくり月25万円、つまり年３００万円が必要ということになります。例えば自分は95歳まで生きると決め、仕事（小さな会社の経営）を70歳までやるとします。そうすると、引退する70歳から95歳までの25年間、３００万円が必要ということになります（３００万円×25年＝７５００万円）。

もらえる年金を引いて必要な金額が決まる

この７５００万円から、もらえる年金を引きます。年金制度は崩壊したとしても、まったくもらえなくなることは考えづらい。私の予測では、私（２０２０年現在50歳）が年金をもらえるのは75歳からで、「ねんきん定期便」の数字の６割程度はもらえるだろうと（やや悲観的に）予測しています。

例えば75歳から95歳までの21年間、夫婦２人で１５０万円の年金がもらえるとすると、１５０万円×21年＝３１５０万円。これを先ほどの金額から引くと、75歳までに貯めるべき金額は４３５０万円ということになります。現在（例えば47歳）から75歳までの28年で、年間約１５５万円、月約13万円を貯めるという計算です。

これは非常にハードルが高い数字ですが、実際は貯めていく過程で金利を利用して増やしていけること、引退後も取り崩していない部分の資産を金利で増やし続けられることから、現実的に必要な貯金額はもっと少なくてすみます。

1人会社を成功させる CHECK POINT

1. まず何歳まで生き、何歳まで仕事をするかを決める
2. 仕事をやめてから死ぬまでにいくらのお金がかかるかを計算する
3. 引退後に必要な金額からもらえる予想年金額を引いて、出た金額を今から貯金していく

家計から逆算して、必要売上高を求める②

もらえると想定する年金の額
75歳から夫婦で年150万円か…
老後に必要なお金から年金を引く
7500万円ー(150万円×21年間)＝4350万円

47歳から75歳まで毎月すべき貯金額は…

4350万円 ÷ 28（47歳〜75歳の28年間） → 年約155万円 ÷ 12（1年間） → 約13万円

「逆算式経営計画」でお金の不安が解消する②

家計においては給料を均等３分割する

貯めるべき金額の算出が第一段階だとすると、第二段階は「役員給与（自分の給与）」を求めることになります。

「１人経営」をする場合に大事なのは、役員給与を『逆算』して求めることです。まずは生活費をすべて見直し、その上で、住宅ローンや子どもの教育費なども鑑みて、生活費と将来投資の金額を算出します。

大原則として、家計においては、もらった給料（税引前の額面）を、税金・生活費・将来への投資に均等３分割すると覚えてください。

例えば、生活費（食費、日用品費、被服費、交際費、通信費、水道光熱費、小遣いなど）が家族全員で３２０万円かかるとします。そして住宅ローンが年間１００万円、教育費が年間80万円とします。このとき、ローンと教育費を将来投資ととらえ、さらに貯蓄（投資）額として１４０万円に設定すると、ちょうど生活費と将来投資が３２

「1人経営」では、役員給与を「逆算」して求める

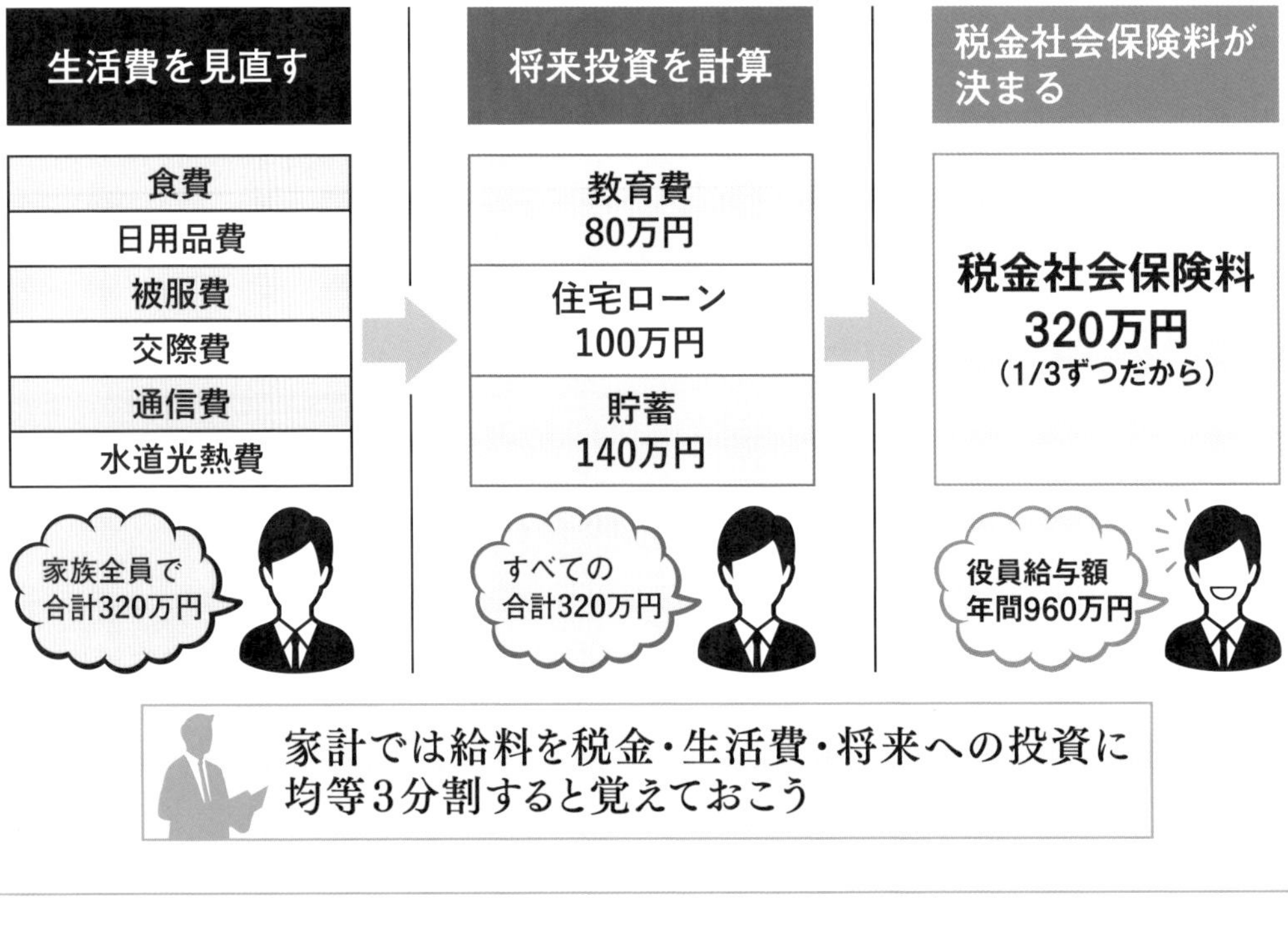

生活費を見直す
食費
日用品費
被服費
交際費
通信費
水道光熱費
家族全員で合計320万円
将来投資を計算
教育費 80万円
住宅ローン 100万円
貯蓄 140万円
すべての合計320万円
税金社会保険料が決まる
税金社会保険料 320万円 (1/3ずつだから)
役員給与額 年間960万円
家計では給料を税金・生活費・将来への投資に均等3分割すると覚えておこう

「1人経営」の基礎数字で、必要な粗利額を決める

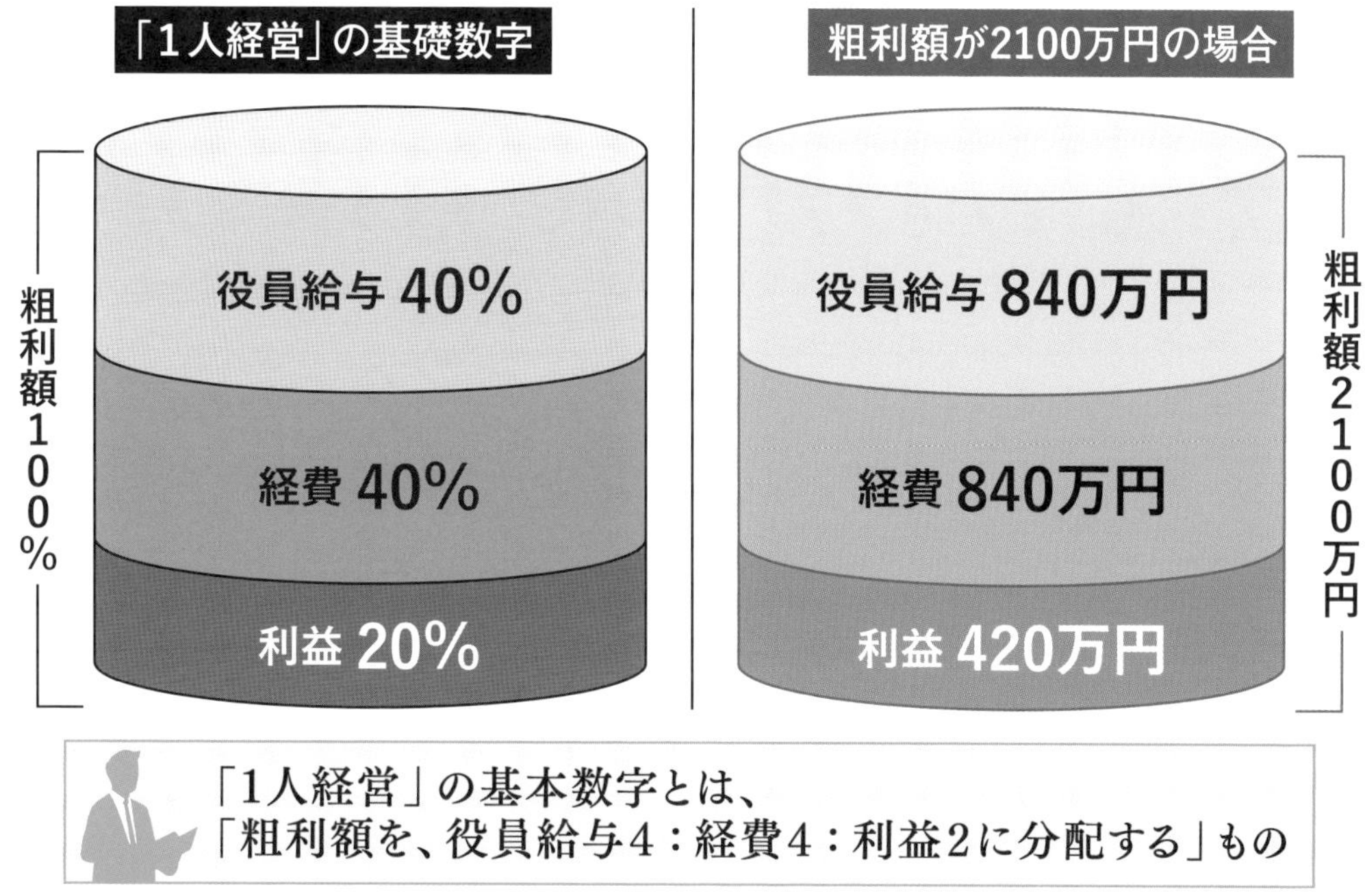
「1人経営」の基礎数字
粗利額100%
役員給与 40%
経費 40%
利益 20%
粗利額が2100万円の場合
粗利額2100万円
役員給与 840万円
経費 840万円
利益 420万円
「1人経営」の基本数字とは、
「粗利額を、役員給与4：経費4：利益2に分配する」もの

0万円ずつになります。

これにより税金社会保険料も320万円（1／3ずつだから）と求められ、必要な役員給与額は960万円（月80万円）ということになります。

これが厳しいと感じられる場合は、生活費を削れないかと考えます。年間40万円削って280万円だとすると、貯蓄が100万円（280万円－住宅ローン100万円－教育費80万円）となり、税金も280万円となります。したがって、必要給与額は840万円（月70万円）に減ります。このようにして微調整していくわけです。

「1人経営」の基礎数字で粗利額を割り出す

逆算して役員給与額が求められたら、「1人経営」の基礎数字を適用してください。「1人経営」の基礎数字とは、「粗利額を、役員給与4：経費4：利益2に分配する」ものです。先の例で、必要役員給与額が840万円だとすると、2100万円（840万円÷0・4）が必要な粗利額となります。

「1人経営の基礎数字法則」と「必要役員給与の算出法」を使うと、生活費や将来への投資額などから、必要売上高まで決まります。

1人会社を成功させる
CHECK POINT

1 まずは生活費と将来投資の金額を算出する

2 続いて税金社会保険料と必要な役員給与額を決める

3 役員給与額が求められたら、「1人経営」の基礎数字を適用し、必要な粗利額を計算する

税金の知識は
これだけわかれば万事OK！

法人に対する税率は、所得の大小に無関係

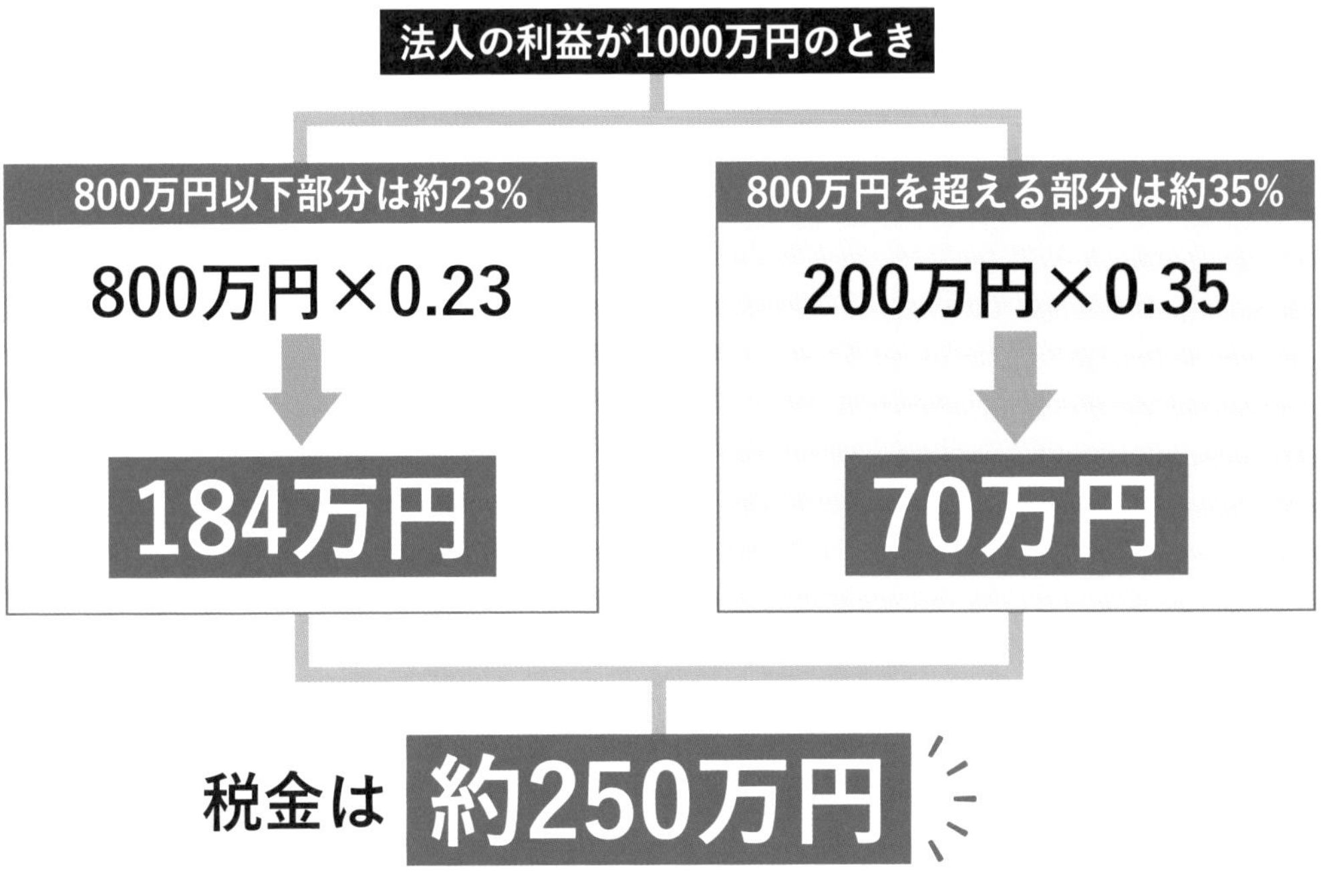
法人の利益が1000万円のとき
800万円以下部分は約23%
800万円×0.23
184万円
800万円を超える部分は約35%
200万円×0.35
70万円
税金は
約250万円

法人と個人では税率が違う

税金の話は、経営者の方は細かいところまでわからなくてもまったく問題ありません。むしろ、中途半端に知識を身につけても意味がありません。

ざっくりと把握してもらいたいのは、税金の率です。

税率といっても、法人と個人では税率が違います。法人税は現在、利益が８００万円以下の部分では、地方法人税を含めて15・66%となっています。８００万円を超える部分は、地方法人税含めて24・95%、つまり約25%です。

例えば利益が１０００万円出れば、その１０００万円に25%をかけるのではなく、まず８００万円以下の部分が約15%で、残り２００万円の部分に約25%がかかるという計算になります。

法人の利益に対しては、法人税と地方法人税の他に、地方税（事業税や住民税）がかかります。これらを足した合計の税率は、８００万円以下の部分が約23%、８０

0万円を超える部分が約35%と覚えてください。

利益1000万円のとき、税金の合計が250万円くらいかかると思っていればいいでしょう。

個人には税金の他に社会保険料がかかる

個人への税金は、所得が多ければ多いほど多額になります。

税率の区分が多いのでややこしいですが、所得税と住民税を合わせた税額は、課税所得350万円（額面給与700万円）※の場合、所得税と住民税で大体60万円引かれます。課税所得500万円（同900万円）で約100万円、課税所得700万円（同1100万円）で約170万円程度と覚えておけばいいでしょう。

これと別に、**社会保険料が額面給与の15%程度かかります。**課税所得500万円（額面給与900万円）の場合は135万円です。

利益の計算をするときは、はじめから税率を頭に入れた上で計画を立てておけばいいのです。つまり600万円残したいのであれば（税金40%と余裕を持って計算し）、1000万円の利益を出す計画を立てればいいでしょう。

※家族4名としたときに課税対象となる所得

1人会社を成功させる
CHECK POINT

1. 法人税と地方法人税は、利益が800万円以下の部分は15・66%、800万円を超える部分は約25%
2. 法人の利益に対しては、地方税（事業税や住民税）もかかる
3. 個人は所得に応じて税率が上がり、社会保険料もかかる

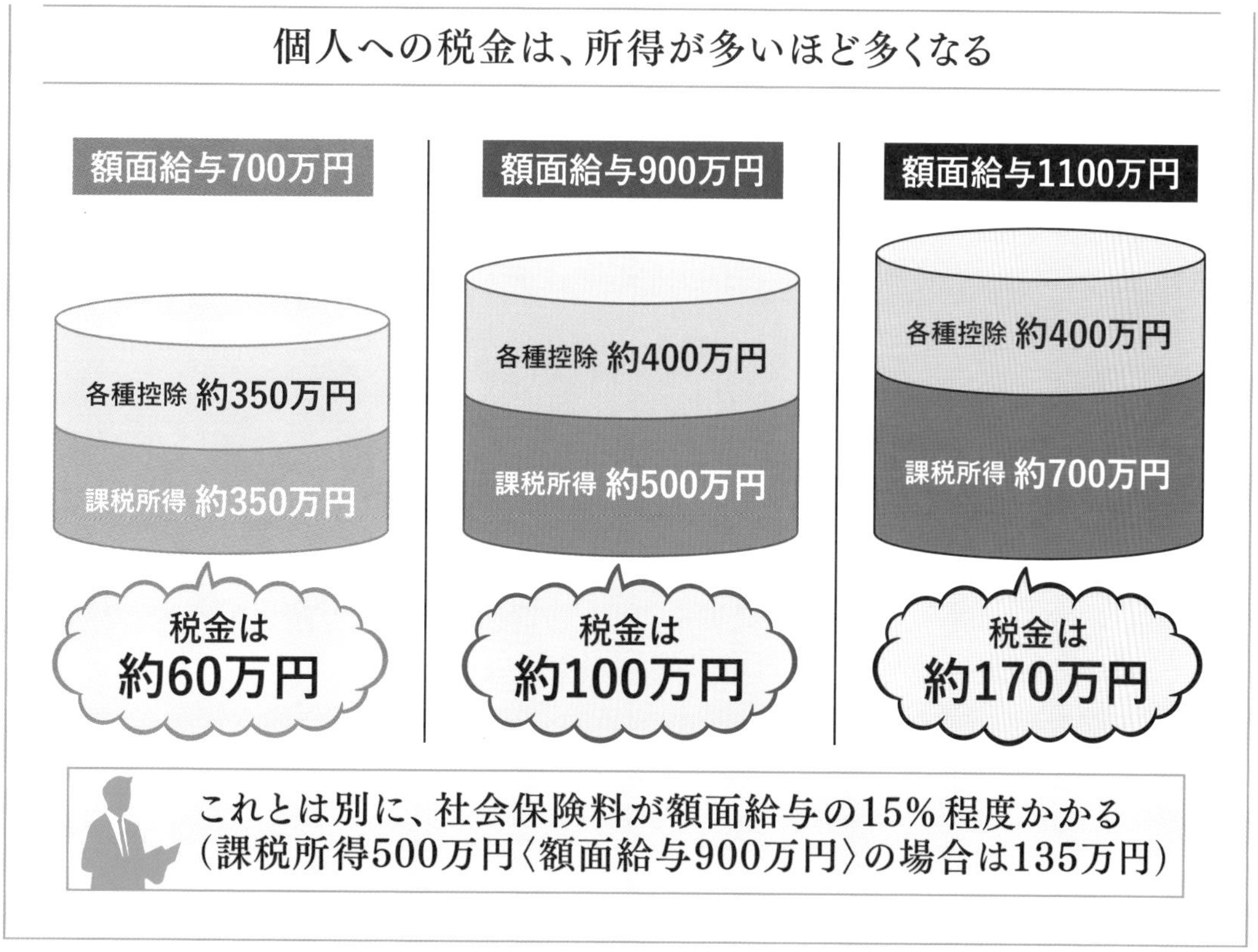
個人への税金は、所得が多いほど多くなる
額面給与700万円
各種控除 約350万円
課税所得 約350万円
税金は約60万円
額面給与900万円
各種控除 約400万円
課税所得 約500万円
税金は約100万円
額面給与1100万円
各種控除 約400万円
課税所得 約700万円
税金は約170万円
これとは別に、社会保険料が額面給与の15%程度かかる
（課税所得500万円〈額面給与900万円〉の場合は135万円）

公私混同をしないことが経営成功のポイント

資本金以外のお金を会社へつぎ込まない

会社をつくり、1人で経営していくときに、よく失敗するのが「公私混同してしまう」ことです。

公私混同の代表的なものは、会社のお金を代表者である社長が使ってしまうこと、借りたまま返さないこと、逆に会社にお金を入れてそのままにしていること、などが挙げられます。

大事なことは、会社に「投資」した金額の範囲で事業を進めていくことです。最初に例えば500万円、資本金として会社に入れたのであれば、その500万円を元手として、どうやってお金を増やしていくかを考えましょう。それ以上は、社長個人から会社へつぎ込まないことです。

会社にお金が足りなくなったからといって個人から拠出を繰り返していると、社長から資金を出すことができなくなったとき、破たんすることになります。

もし、はじめに投入した資金が枯渇してしまったら、その事業は

事業は会社に「投資」した金額の範囲内で行う

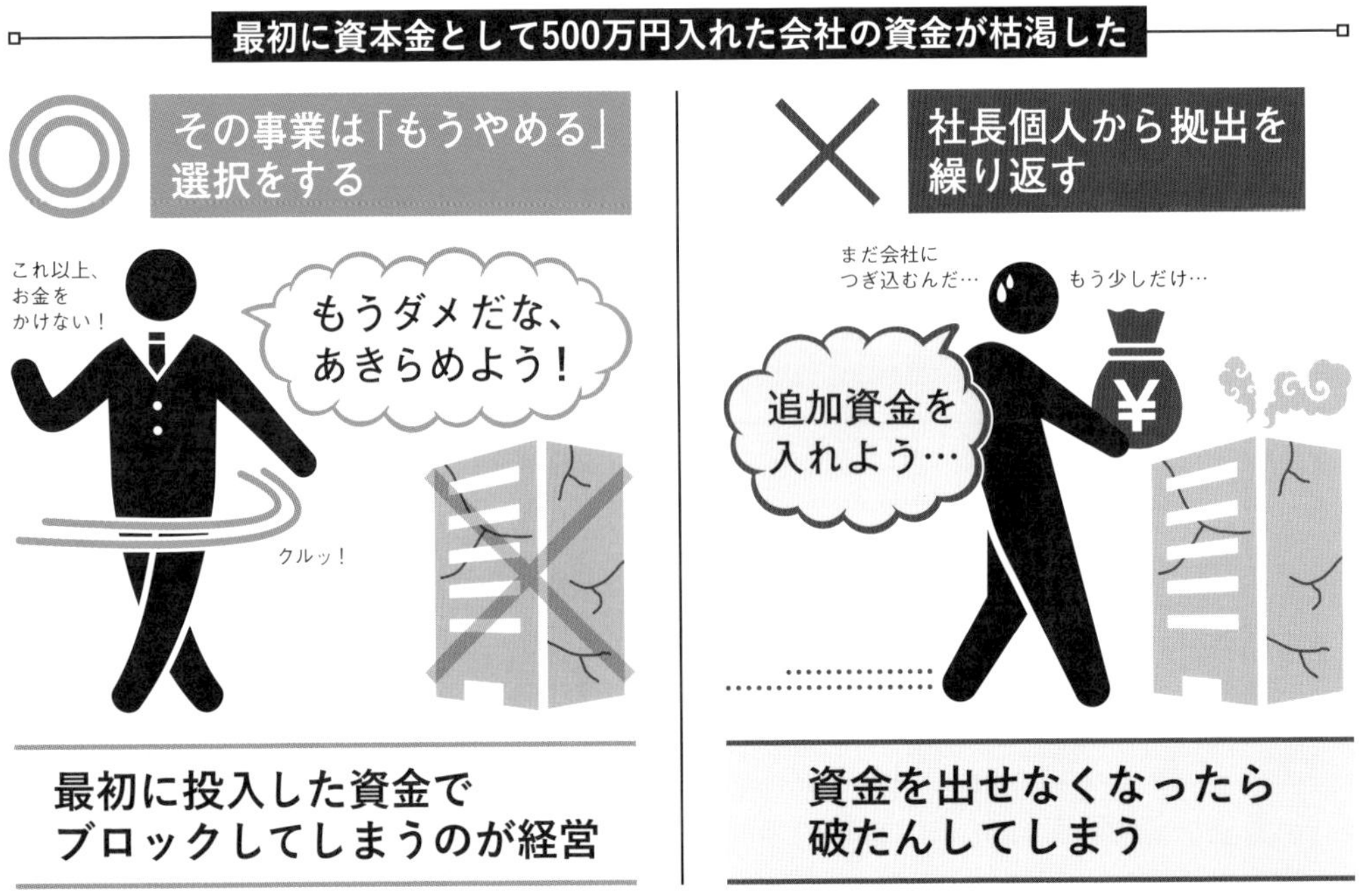
最初に資本金として500万円入れた会社の資金が枯渇した
◎ その事業は「もうやめる」選択をする
これ以上、お金をかけない！
もうダメだな、あきらめよう！
クルッ！
最初に投入した資金でブロックしてしまうのが経営
× 社長個人から拠出を繰り返す
まだ会社につぎ込むんだ…
もう少しだけ…
追加資金を入れよう…
¥
資金を出せなくなったら破たんしてしまう

「1人経営」でも、株主と社長は分けて考える

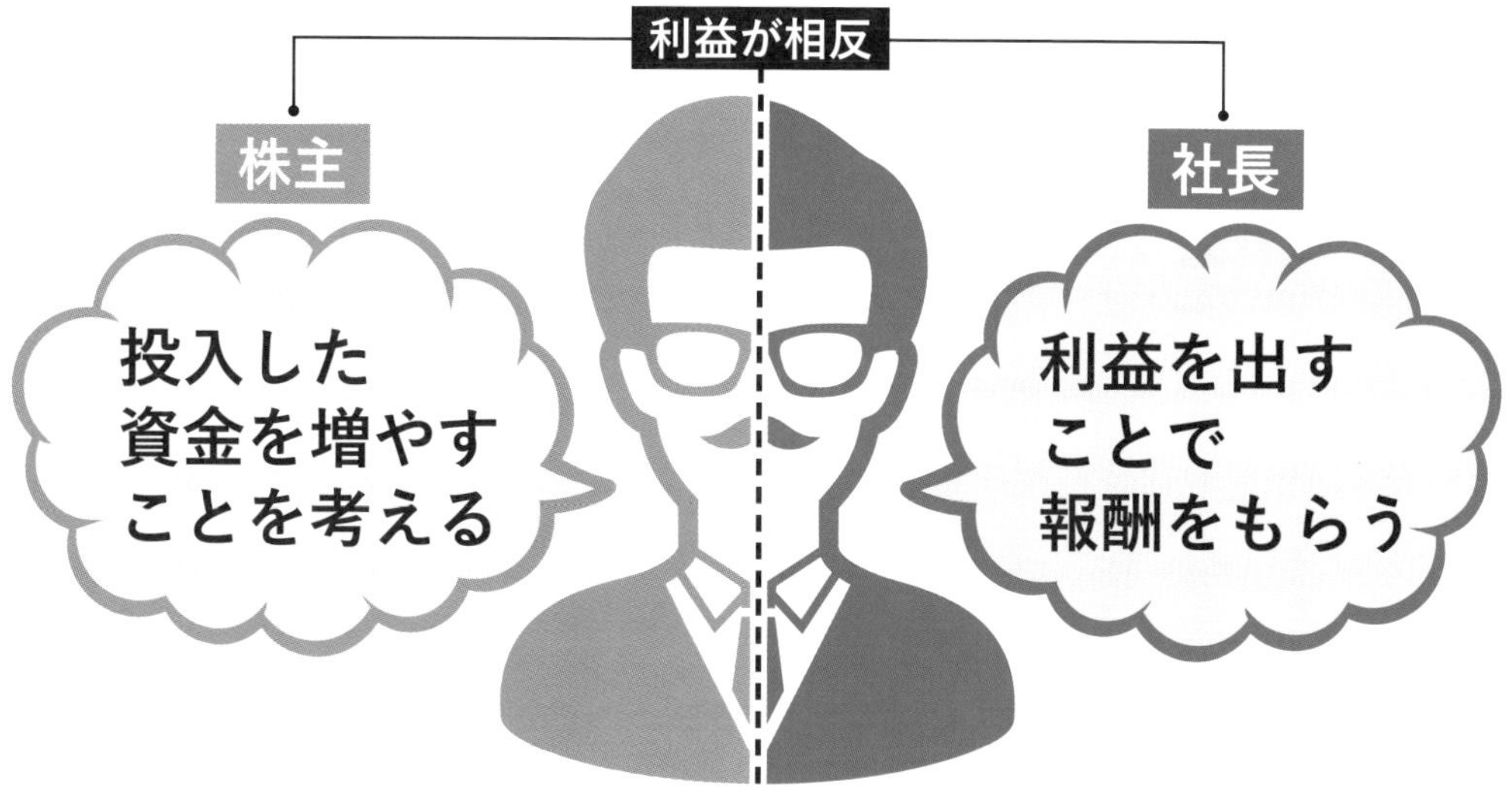
利益が相反
株主
社長
投入した資金を増やすことを考える
利益を出すことで報酬をもらう

公私混同しないためのコツは、会社についてよく考えること。会社をやっていくのであれば、株主優先が正解！

もうやめる、という選択が必要となります。このように、**最初に投入した資金でブロックしてしまうのが経営（兼投資）であり、公私混同していない、ということです。**

会社をやっていくなら株主優先が正解

公私混同しないためのコツは、会社についてよく考えることです。**会社は株主が出資することができています。社長は、その株主が所有する会社から「雇われている」だけの存在と言えるでしょう。**「1人経営」の場合、株主＝社長なわけですから、自分の中でこれを分けて考えることができるかどうかがポイントです。

株主は、最初に投入した資金をいかに増やすかを考えます。社長は、利益を出して株主に貢献する必要があり、その対価として報酬をもらいます。

社長としての報酬を優先すれば、会社の価値が上がらなくなります。投資家と社長（役員）は、基本的には利益が相反しています。日々の経営判断において、どちらを優先させるかが大事です。**会社をやっていくのであれば、株主優先が正解です。**

1人会社を成功させる

CHECK POINT

1. 資本金を元手としてお金を増やしていくことを考え、それ以上は会社へつぎ込まない
2. 「1人経営」の場合、株主と社長を自分の中で分けて考える
3. 会社をやっていくのであれば、株主優先の立場で考える

お金計画シートで目標と実際を比べ、改善していく

これからの人生のお金面での計画を記録

これまでに書いてきた大事なことを踏まえて、「1人経営」をどう成功させていくか、ということを考えていきましょう。

まずは、「お金計画シート」について述べます。「お金計画シート」とは、これからの人生全体について、お金面での計画をExcelシートに記録するものです。

まず、空白のExcelシートを用意します。横軸が年を表し、右に伸びていきます。年の下には自分の年齢を書いていきます。配偶者や子どもたちの年齢も書いていけばいいでしょう。

縦軸には、収入や支出の項目を書いていきます。一番上には会社（事業）の売上高、その下には会社の経費を列挙していきます。経費は、役員給与、給料、水道光熱費、事務用品費、交際費……といった感じで下に並べていきます。

売上高から仕入高を引いたものを、仕入高の下に「粗利」として計算し、粗利（もしくは売上高）から経費合計（給料、外注費などを合計した数字）を引いた数字を「営業利益（税引前利益）」などと表していきましょう。

１００歳の年までつくり、収支を確認する

会社の純利益（税引後利益）が出れば、下に個人の収支を書いていきます。会社から役員給与をもらう場合は、それが個人の収入になりますので、その数字を入れます。役員給与の下には、その他収入をリストアップし、合計額を「収入合計」として計算します。

その下は、個人の支出（経費）です。水道光熱費や通信費、交際費などを項目分けし、リストアップしていきます。税金・社会保険料などもリストアップします。

個人の収入合計から個人の支出合計を引いたものが、個人の黒字（残るお金）です。これを１００歳まで年ごとに数字を入れていくと、収支の結果が一番下に出ます。年ごとに計算された収支を累積していき、１００歳までプラスで終わるか確認してみてください。

表の細かいところはあとから修正するとして、まずは大枠からつくってみましょう。

1人会社を成功させる

CHECK POINT

1 「お金計画シート」は、これからの人生全体について、お金面での計画を記録するもの

2 年ごとの収支を１００歳の年までExcelシートに記録する

3 あとから修正してもいいので、まずは大枠からつくる

お金計画シートの例

		2023年	2024年	2025年	2026年
自分や家族の年齢	自分	37歳	38歳	39歳	40歳
	妻	35歳	36歳	37歳	38歳
	長女	12歳	13歳	14歳	15歳
会社の売上高と経費	【売上】	2023年	2024年	2025年	2026年
	合計	11,160,000	11,160,000	11,160,000	11,160,000
	仕入高	600,000	600,000	600,000	600,000
	粗利	10,560,000	10,560,000	10,560,000	10,560,000
	【経費】				
	役員給与	5,760,000	5,760,000	5,760,000	5,760,000
	水道光熱費	120,000	120,000	120,000	120,000
	事務用品費	24,000	24,000	24,000	24,000
	旅費交通費	300,000	300,000	300,000	300,000
	法定福利費	35,000	35,000	35,000	35,000
	支払手数料	12,000	12,000	12,000	12,000
	保険料	50,000	50,000	50,000	50,000
	その他経費	360,000	360,000	360,000	360,000
	合計	6,661,000	6,661,000	6,661,000	6,661,000
利益	税引前利益	3,899,000	3,899,000	3,899,000	3,899,000
	法人税等	1,500,000	1,500,000	1,500,000	1,500,000
	税引後利益	2,399,000	2,399,000	2,399,000	2,399,000
個人の収入	【家計】				
	役員給与	5,760,000	5,760,000	5,760,000	5,760,000
	収入合計	5,760,000	5,760,000	5,760,000	5,760,000
個人の支出	【生活費】				
	車税金保険高速代	122,160	122,160	122,160	122,160
	電気	85,502	85,502	85,502	85,502
	水道	68,340	68,340	68,340	68,340
	電話＋ネット	94,148	94,148	94,148	94,148
	生命保険	180,000	180,000	180,000	180,000
	固定資産税	168,200	168,200	168,200	168,200
	食費＋日用品	1,200,000	1,200,000	1,200,000	1,200,000
	小計	1,918,350	1,918,350	1,918,350	1,918,350
	【将来投資】				
	住宅ローン返済	1,080,000	1,080,000	1,080,000	1,080,000
	学費	720,000	720,000	720,000	720,000
	小計	1,800,000	1,800,000	1,800,000	1,800,000
	【税金】				
	源泉所得税	480,000	480,000	480,000	480,000
	住民税	360,000	360,000	360,000	360,000
	健康保険	600,000	600,000	600,000	600,000
	国民年金	402,400	402,400	402,400	402,400
	小計	1,842,400	1,842,400	1,842,400	1,842,400
収入から支出を引いた個人収支と貯金額がその年齢の手持ち金となる	個人支出合計	5,560,750	5,560,750	5,560,750	5,560,750
	個人収支	199,250	199,250	199,250	199,250
	貯金額	3,000,000	3,199,250	3,398,500	3,597,750

年ごとに計算された収支を累積していき、100歳までプラスで終わるか確認してみよう

減らすのが超難しい「固定費」を増やさない

毎月・毎年の固定費は売上がなくてもかかる

コストを減らすために大事なのは、「固定費を減らす、増やさない」というものです。当たり前に見えてとても重要なことですので、ここで説明します。

固定費とは、毎月もしくは毎年必ずかかる費用のことを言います。

例えば、家賃、水道光熱費などもそうですし、借り入れをしている人は利息なども固定費となります。また人を雇うと固定費がたくさん発生します。給与はもちろんのこと、法定福利費（社会保険料など）、消耗品費、通信費など、多くの費用が発生してしまいます。これらの費用は売上がなくてもかかるもので、固定費が多いと売上が少ないときに利益を圧迫します。

固定費が少ないと、経営が断然楽になります。完全にゼロとはいかないかもしれませんが、どうしても必要な固定費は何か、そしてその最低限の固定費で経営した場合、最低いくら稼げばいいのか、一度考えてみてください。

コストを減らすには、固定費を減らす

固定費が多い
家賃
給与
利息
通信費
水道光熱費
消耗品費
売上が少ない…
重い…キツイ…

売上が少ないときに利益を圧迫してしまう

固定費が少ない
家賃
通信費
水道光熱費
これだけなら身軽だ！
売上が少なくても安心！

たとえ売上が減っても余裕を持った経営ができる

毎日コストダウンをしていく

コストダウンするためのポイント

1 一網打尽方式
例：事務所を安いところに引っ越す

広さは必要なし！
ワンルームで十分！

2 とにかく使わない方式
例：「1日1000円しか使わない」と決める

1日1000円なら
毎月3万円だけ！

コストダウンは、自分に甘えているととても難しい。毎日自分を叱咤激励して、続けていこう

ポイントは「一網打尽」、「とにかく使わない」

すでに固定費がかさんでしまっている場合には、コストダウンが必要になります。その秘訣は、「とにかく毎日コストダウンをすること」に尽きます。

ポイントの一つは、「一網打尽方式」です。例えば、事務所を思いきってやめたり、安いところに引っ越したりすれば、一気にコストが下がります。事務所の面積が半分になれば、もちろん家賃も安くなりますし、水道光熱費なども安くなります。

もう一つのコストダウンのポイントは、「とにかく使わない方式」です。例えば「1日1000円しか使わない」と決めてしまえば、毎月3万円しか使いません。外出をすればお金を使ってしまうという人は、外出をなるべく控えて、外食なども減らしましょう。

コストダウンは、自分に甘えているととても難しいです。毎日毎日自分を叱咤激励し、コストダウンを心がけましょう。

コストダウンのコツは「やめること」

ドラスティックにコストを下げるなら、「やめてみる」

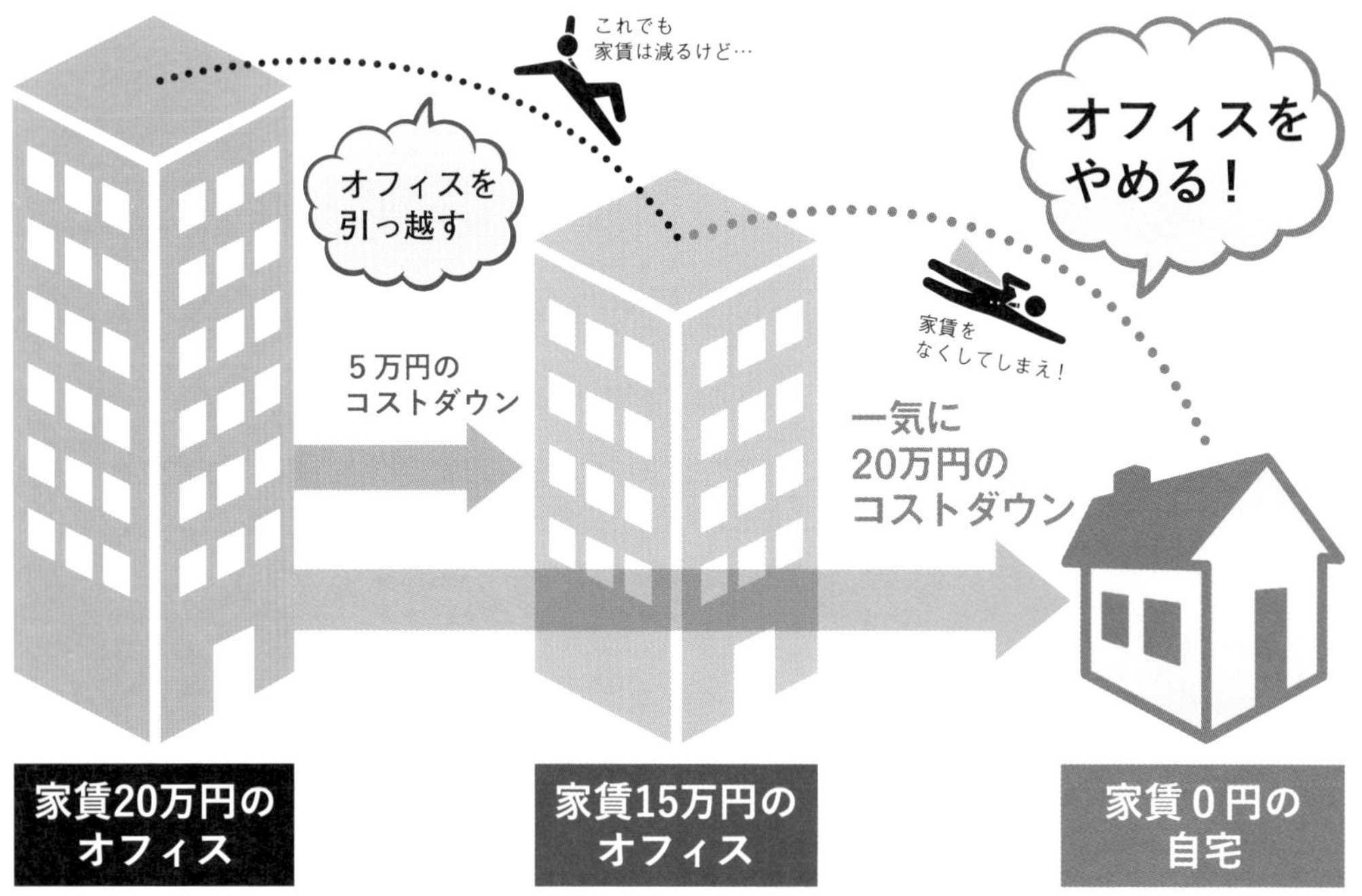
これでも
家賃は減るけど…
オフィスを
引っ越す
オフィスを
やめる！
家賃を
なくしてしまえ！
5万円の
コストダウン
一気に
20万円の
コストダウン
家賃20万円の
オフィス
家賃15万円の
オフィス
家賃0円の
自宅

「オフィスをやめてみる」のはいいやり方

もう少しコストダウンのやり方について考えていきましょう。コストダウンのコツの一つとして挙げられるのは、「やめること」です。

多くの人は、コストを下げようとするとき、減らそうとします。例えば、買い物をするときは、より安いものを探して買うなどします。また、事務所などについても、今の家賃が20万円であれば、15万円の物件を探そうとします。

しかし、それらを積み重ねても、大したコストダウンにはなりません。**ドラスティックにコストを下げるのであれば、「やめてみる」ことをあえてやってみましょう。**

オフィスについて考えると、「オフィスをやめてみる」というのもいいやり方です。

会社を経営しているのであれば、オフィスの一つや二つくらいあるというのが常識的な考え方ですが、それが正解ではないかもしれません。

今はこんなにITが発達してきたのですから、もう人が一つの場所に集まる必要もないのではないでしょうか。

どこでも仕事ができるようにすることが大切

オフィスをやめたら、従業員（パート、アルバイト）には、自宅で、もしくは自宅近くのレンタルオフィスやカフェなどをうまく利用して働いてもらいます。

通勤時間もバカになりませんし、通勤費だって無駄です。オフィスをなくせば従業員が使うさまざまなものも必要なくなります。家賃はもちろん、水道光熱費、通信費などもなくせれば、大きなコストダウンになります。

「会社や事務所でしかできない仕事」があるとするならば、それはなくしていかなければなりません。どこでも仕事ができるようにすることが大切です。

事務所以外にも、やめようと思えばやめられるものはたくさんあるはずです。「これまでやってきたから、必要だったから」などの理由はいったん棚上げして、本当に必要かどうかで、よく考えてみましょう。

1人会社を成功させる CHECK POINT

1. 「減らす」だけでは大したコストダウンにはならない
2. オフィスをやめると、大きなコストダウンになる
3. 「会社や事務所でしかできない仕事」があるとするならば、なくしていかなければならない

オフィスをやめれば、大きなコストダウンになる

家賃 ➡ ナシ！
水道光熱費 ➡ ナシ！
オフィスをやめるとこれらの費用がかからなくなる！
オフィスがなくても仕事はできる！
こんなにコストダウンできるなんて♪
通勤費 ➡ ナシ！
通信費 ➡ ナシ！

オフィスをやめたら、従業員には自宅やレンタルオフィス、カフェなどをうまく利用して働いてもらおう

コストダウンのための おすすめTIPS

移動とカード利用に注意してコストダウン

もう少し細かく、コストダウンのコツをいくつか紹介したいと思います。

一つは移動を減らすことです。移動にはコストが伴います。

私のお客さんでタクシー貧乏になっている方がいます。「お金で時間を買う」という意味では、地下鉄などで移動するよりタクシーに乗って移動するのが正解なのですが、あまりに多く乗りすぎるとお金がかかって仕方ありません。電車と歩きで移動すれば、お金はほとんどかかりません。

もう一つはクレジットカードを使わないか、使うなら厳格に管理することです。私はクレジットカードで買ったものは、買った瞬間に会計ソフトに入れて管理しています（カードを使うもののほとんどが経費になるものであるため）。

カードを使うなら、今いくら使っているか、いつ引き落としになるかなどを把握できるようにしてください。

コストダウンのコツ

1 コストが伴う移動をできるだけ減らす

楽で便利だけど
なるべく控える！

移動するならタクシーは使わずに電車と歩きにする

2 クレジットカードは厳格に管理する

使ったらすぐに
会計ソフトに入力！

経費になるものは会計ソフトに入れて管理する

「年収を減らす」ために やるべきこと

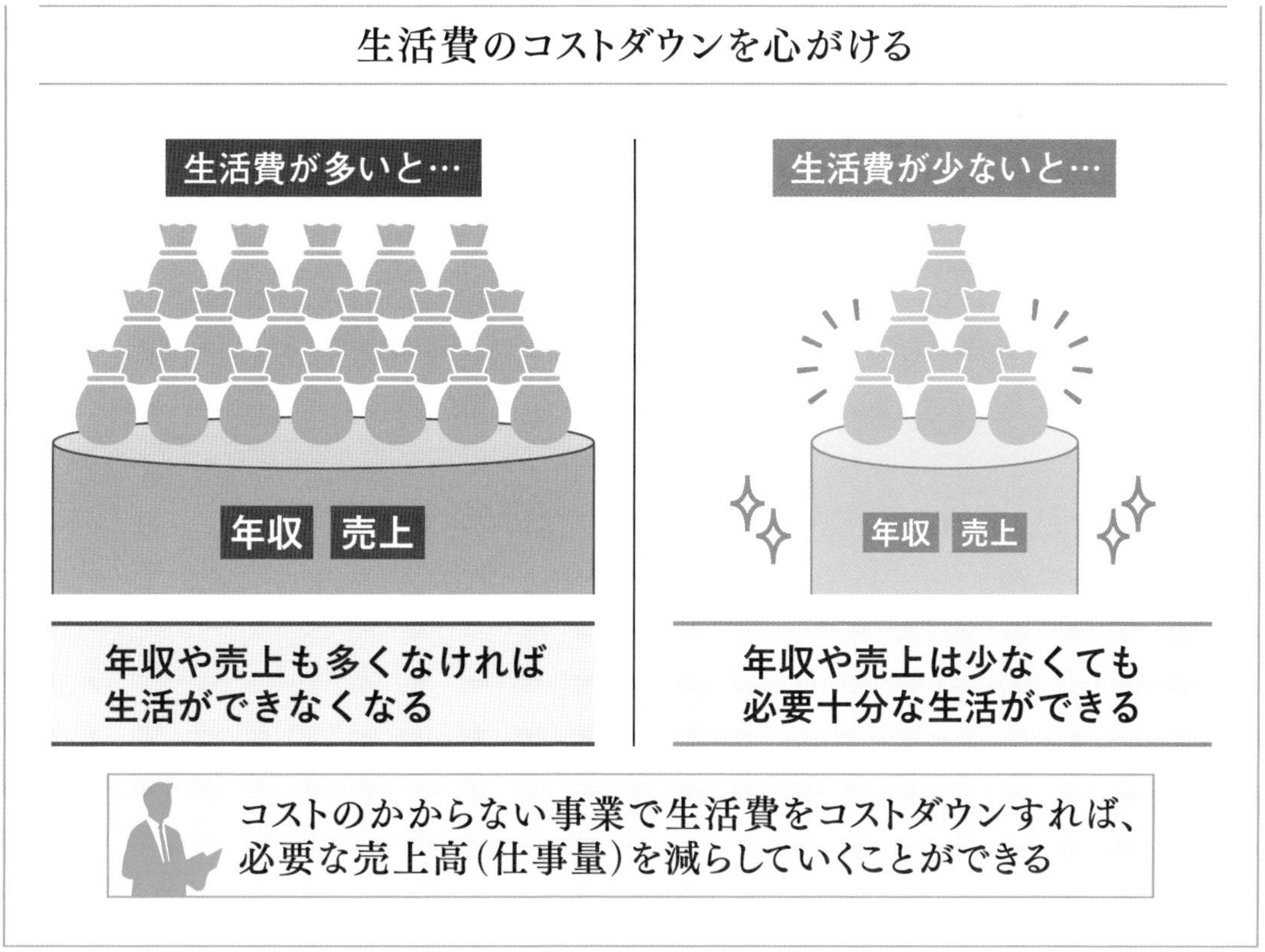
生活費のコストダウンを心がける
生活費が多いと…
年収 売上
年収や売上も多くなければ
生活ができなくなる
生活費が少ないと…
年収 売上
年収や売上は少なくても
必要十分な生活ができる
コストのかからない事業で生活費をコストダウンすれば、
必要な売上高(仕事量)を減らしていくことができる

生活費を減らせば、必要売上高も減る

日本の経済は今後小さくなっていきます。それに対抗して自分は大きくなっていくというのもいいですが、すべての人が大きくなれるわけではありません。全体が右肩下がりになっていくのであれば、自分もそれに合わせて縮んでいくというやり方もアリです。

自分を小さくしていく方法の一つが、「年収や売上を減らす」ということです。

ここまでで、年収や売上高は、必要な生活費から逆算して計算するという話をしてきました。これを考えると、**生活費を減らす設定をすれば、年収や必要売上高は減る**ことになります。それを積極的にやっていきませんか、というのが私からの提案です。

自分が好きなものをやっていくことは大事ですが、**コストのかからない事業を探し、生活費をコストダウンして、必要な売上高つまり仕事量を減らしていく**、という考え方が今後必要になるでしょう。

1人会社で残った利益をどうするかは超重要

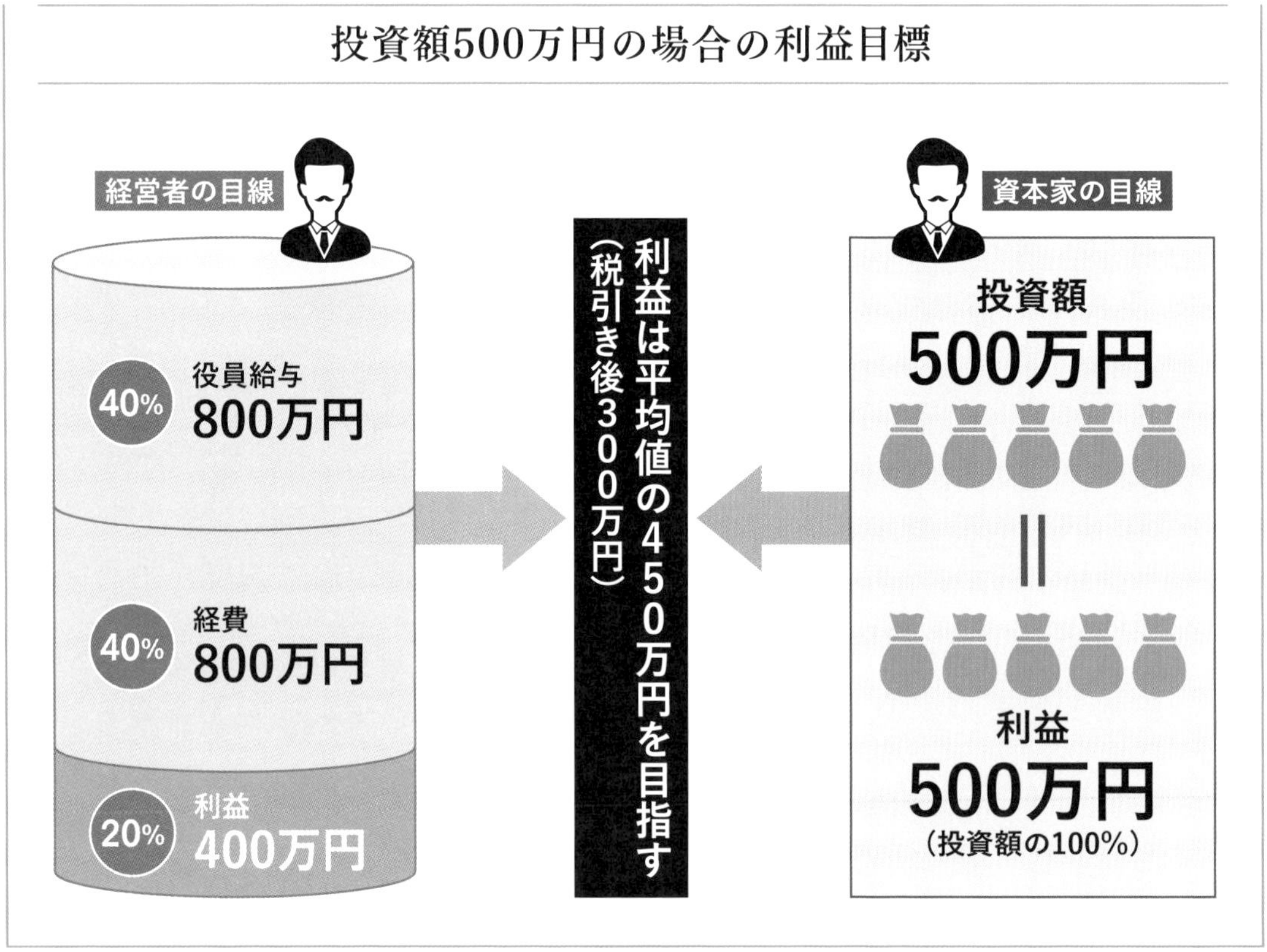
投資額500万円の場合の利益目標
経営者の目線
40% 役員給与 800万円
40% 経費 800万円
20% 利益 400万円
利益は平均値の450万円を目指す
（税引き後300万円）
資本家の目線
投資額
500万円
=
利益
500万円
（投資額の100%）

「経営者」と「投資家」の観点で利益を考える

経営計画においては、粗利（売上原価）を役員給与４：経費４：利益２に分配すると先に述べました。例えば粗利が２０００万円なら、役員給与を８００万円もらい、経費８００万円を使い、税引前利益４００万円を残すイメージです。

一方、**１人会社においては「投資家として」の観点も持たなければなりません**。例えば資本金５００万円なら５００万円の資金を投入して、そこから生まれる利益を回収していくことになります。

厳しめに見て、１人会社においては、**５００万円を資本金として事業をはじめた場合、毎年５００万円の税引前利益を出し、税金を引いて毎年３００万円残す（税引前利益は資本金と同じ金額が必要）**、というのが「投資家として見た」利益の残し方になります。

「経営者」として必要な税引前利益が４００万円、「投資家」として必要な利益（税引前）が５００万円なので、平均した４５０万円を税引前利益として計上する計画を立ててみてください。税引き前利益が450万円出た場合、現行の税率では多目に見ても税金は150万円もかからないくらいなので、300万円は残る計算になります。

1人会社においては利益を複利で運用する

本来の資本主義に則った会社であれば、利益を使って会社を拡大していくことになります。もともとの資本500万円に利益の300万円を足した800万円が翌年の資本となり、通常はその資本を複利で拡大していくわけです。

しかし、**1人会社においては、会社を大きくすることを念頭に入れていませんから、300万円は何もしなければ（預金に入れたままなら）そのまま、積み上がっていくという形になります。**初年度は500万円（元の資本）＋300万円＝800万円、翌年は800万円＋300万円＝1100万円、といった具合に、単利で増えていく形になります。

それではもったいないので、その**残った利益（年300万円）を、なるべく複利で運用できるところに移動させる**必要があります。

1人会社を成功させる CHECK POINT

1. 「投資家」としての利益と「経営者」としての利益を平均した利益を目指す
2. 1人会社は会社を大きくせず、単利で利益を積み上げていく
3. 残った利益は、できれば複利で運用できるところに移動させる

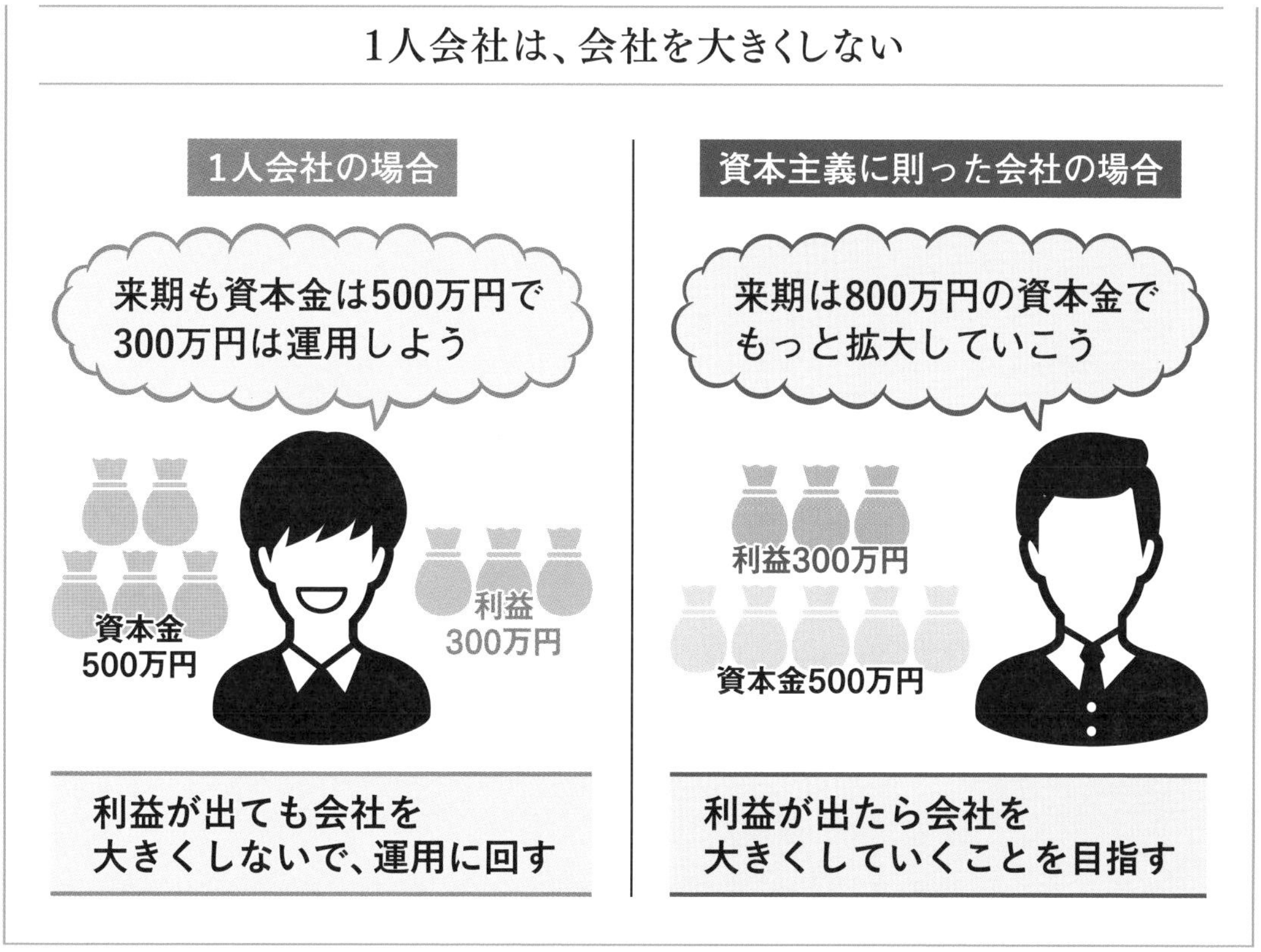
1人会社は、会社を大きくしない
1人会社の場合
来期も資本金は500万円で300万円は運用しよう
資本金500万円
利益300万円
利益が出ても会社を大きくしないで、運用に回す
資本主義に則った会社の場合
来期は800万円の資本金でもっと拡大していこう
利益300万円
資本金500万円
利益が出たら会社を大きくしていくことを目指す

Section 3 1人会社の「お金」について考える まとめ

- 人を雇わず、設備にお金もかけず、無駄な経費を使わず、借り入れもしなければ、資金繰りに悩むことはない
- 小さな企業の経営では、「家計から逆算して必要売上高を求める」「必要売上高はなるべく小さくする」ことが大事
- 会社に「投資」した金額の範囲で事業を進めていくこと。資本金以外のお金を会社へつぎ込んではいけない
- これからの人生全体について、お金面での計画を記録する「お金計画シート」をExcelで作成すること
- 固定費が多いと、売上が少ないときに利益を圧迫する。「どうしても必要な固定費は何か」をよく考えること
- 固定費がかさんでいる場合には、コストダウンが必要。その秘訣は「とにかく毎日コストダウンをすること」
- 一気にコストを下げるのであれば、「やめてみる」。例えば「オフィスをやめてみる」のもいい方法
- 「移動を減らす」「クレジットカードを使わないか、使うなら厳格に管理する」こともコストダウンのコツ
- コストのかからない事業を探し、生活費をコストダウンして、必要な売上高（つまり仕事量）を減らしていく
- 1人会社においては、「投資家」としての利益と「経営者」としての利益を平均した利益を目指す

Section 4

1人会社の時間の使い方

1人社長の「労働時間」をゼロに近づける

1人社長は身を自由にしておくべき

時代は移り変わります。未来を予測するのは難しいですが、これからはますます「労働」の価値が下がるでしょう。もちろん稼ぐために働くことはとても尊く、すばらしいことですが、それがすべてではありません。**これからの「1人社長」は、いかに労働時間を減らすかということを考えるべきでしょう。**

はっきり言うと、社長の労働時間には価値がありません。社長が何時間働いたらいくら、という時給計算をしているようでは、売上の伸びる余地はありません。

1人会社の社長は、いかに労働しないかということがキーになってきます。**働かずに自由な時間をつくり出し、そこで新しいことやモノを生み出すことが大切です。**絶え間なく勉強して本を読み、人と会話をするなどしてアイデアを創出するのが大事です。

変化率が大きくなってくるこれからの時代、一つのところで労働

1人社長は、「労働しない」ことを目指す

よし、今日は
これで仕事終わりだ！
あとは
自由な時間！
自由な時間をつくり出したら…
本を読んで勉強する
人と会話してアイデアを創出する
1人社長は働かずに自由な時間をつくり出し、
そこで新しいことやモノを生み出すことが大切

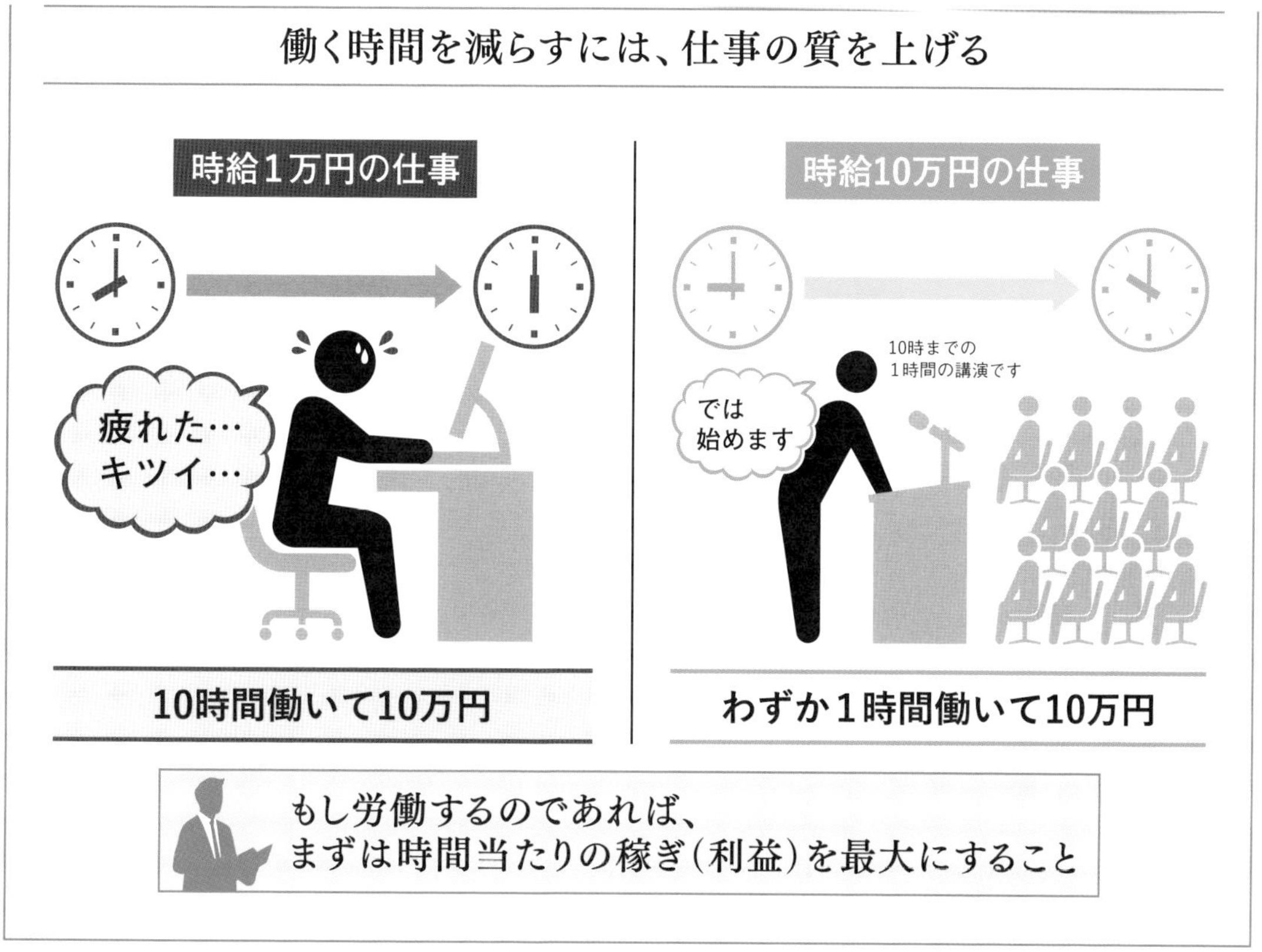
働く時間を減らすには、仕事の質を上げる
時給1万円の仕事
疲れた…
キツイ…
10時間働いて10万円
時給10万円の仕事
10時までの
1時間の講演です
では
始めます
わずか1時間働いて10万円
もし労働するのであれば、
まずは時間当たりの稼ぎ（利益）を最大にすること

に時間を割いていたら、自分が変化することができなくなり、時代に置いていかれるでしょう。1人社長は身を自由にしておくべきなのです。

働いたときの稼ぎを増やすために

「いかに労働時間を減らして稼ぐか」ということを追求していけば、結果的に時間当たりの稼ぎ（利益）が大きくなっていくはずです。

もし労働するのであれば、まずは時間当たりの稼ぎを最大にするべきです。そうすれば、労働すればするほど、稼ぎが大きくなるという結果になります。

例えば、コンサルティングなどで1時間働けば10万円の稼ぎを得られるようになったとします。そうなったとき、2時間働いて20万円、3時間働いて30万円稼げるのであれば、それはそれですばらしいことです（そこで稼ぎを増やそうとして長時間労働してしまっては本末転倒ですが）。

働いたときの稼ぎを増やすためにも、生産性を上げるためにも、やはり1人社長の労働時間は、ゼロに近づけていったほうがいいのです。

1人会社を成功させる

1. 社長が「何時間働いたらいくら」という時給計算をしていては、売上は伸びない
2. 働かずに自由な時間をつくり出し、そこで新しいことやモノを生み出す
3. 労働するのであれば、時間当たりの稼ぎを最大にする

仕事は終わらない。ならば時間を区切ってしまう

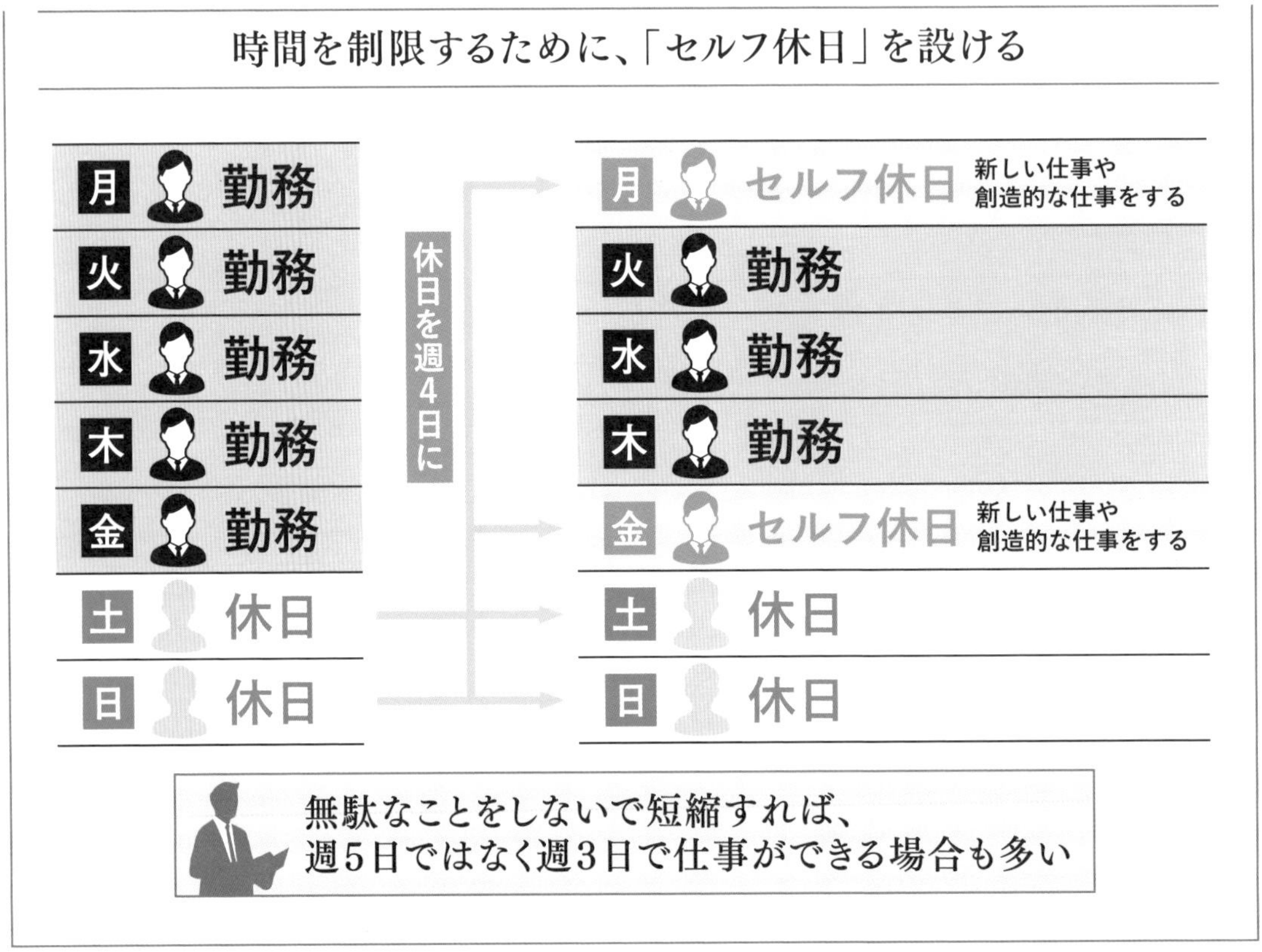
時間を制限するために、「セルフ休日」を設ける
月 勤務
火 勤務
水 勤務
木 勤務
金 勤務
土 休日
日 休日
休日を週4日に
月 セルフ休日 新しい仕事や創造的な仕事をする
火 勤務
水 勤務
木 勤務
金 セルフ休日 新しい仕事や創造的な仕事をする
土 休日
日 休日
無駄なことをしないで短縮すれば、
週5日ではなく週3日で仕事ができる場合も多い

週休二日制を無理やり週休四日制にする

社長の労働時間を減らし、生産性を上げるためには、どうすればいいかを考えてみましょう。

1人社長の労働を増やさないようにするには、「時間を制限してしまう」のが一番いい方法です。やり方はいくつかありますので、複合技でやってみてください。

まず一つは、「セルフ休日」を設定すること。

週休二日制（土日）にしているところが多いかと思いますが、月曜日と金曜日を休むなどして、無理やり週休四日制にしてしまいましょう。もしくは、月曜日と金曜日は本業の処理仕事などを禁止にして、新しい仕事や創造的な仕事をする、と決めてしまうのです。

週5日から3日になってしまったら仕事なんて成立しないと思われるかもしれませんが、無駄なことをしないで短縮すれば、3日で仕事ができる場合も多いのです。

業種の関係でどうしても週5日は現場に出なければいけないよう

な場合でも、そのうち2日は時間を短縮するとか、現場に出ながらも他のことをするようにします。

時間を区切って仕事量を減らす

労働を制限するためには、「時間を区切る」ことが本当に大切です。**毎日の仕事の終わり時間を決めてしまうのです。**

決めたら、それ以降は業務禁止です。**終業時間を18時と決めたら、それ以降メールの返信などもしないようにします。**会食などでどうしても仕事をしなければいけない場合は、例外とします。

「18時までになんて仕事が終わらない」というのであれば、充分な睡眠を確保した上で、早起きして仕事をするしかありません。脳がフレッシュな朝のほうが、仕事がはかどる人がほとんどでしょう。仕事が**終わりを区切って後倒しするのはOKです。**

このようにして、時間を無理やり区切って仕事量を減らすことが大切です。仕事をする時間を増やしても、結局同じくらいの仕事しかできません。それなら、未来につながることをその空いた時間でやっていくことが大切です。

1人会社を成功させる CHECK POINT

1. 「セルフ休日」を設定して、仕事をする時間を減らす
2. 毎日の仕事の終わり時間を決めて、それ以降は働かない
3. 終業までに仕事が終わらないときは、充分な睡眠を確保した上で、早起きして仕事をする

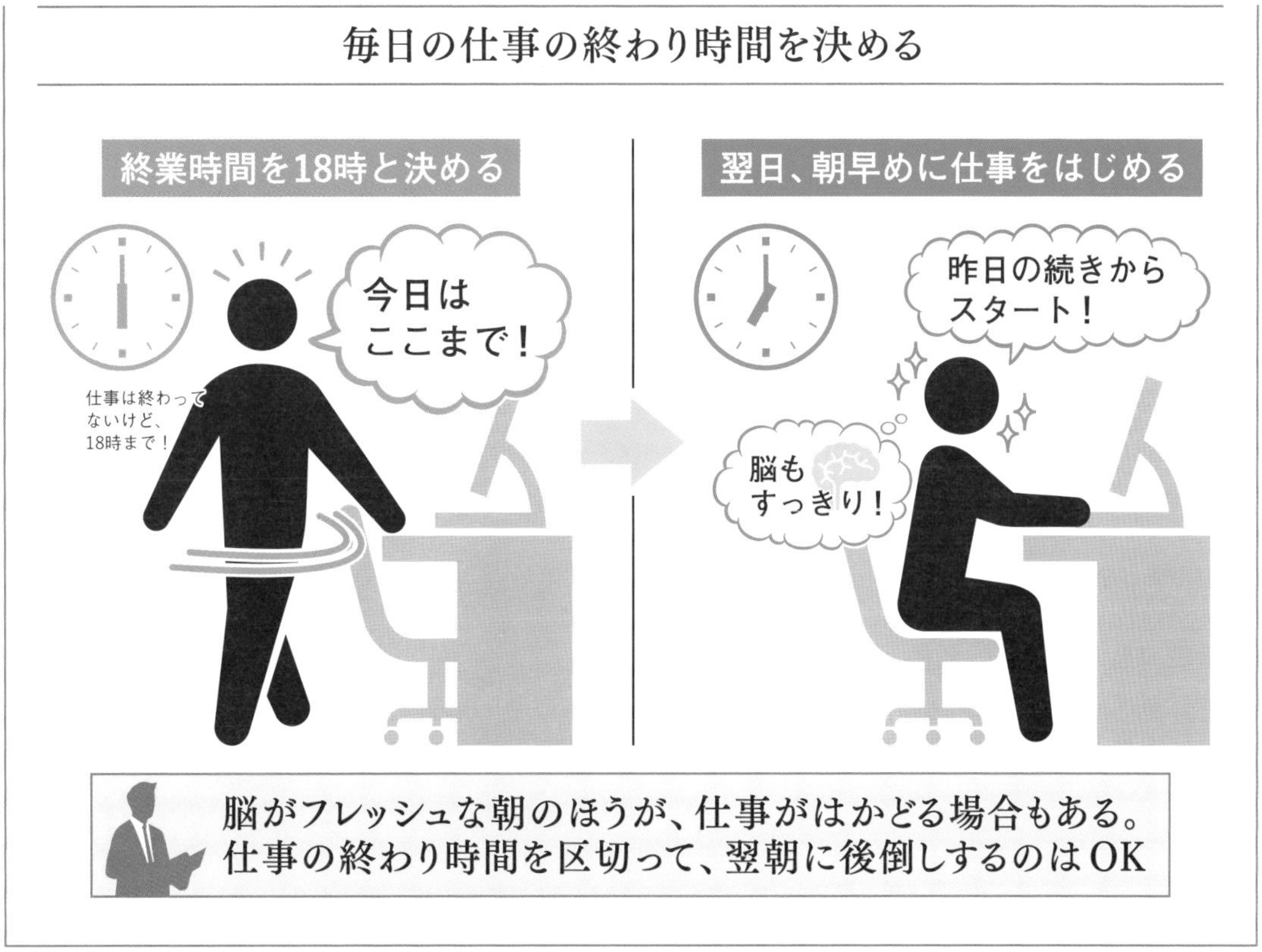
毎日の仕事の終わり時間を決める
終業時間を18時と決める
今日はここまで！
仕事は終わってないけど、18時まで！
翌日、朝早めに仕事をはじめる
昨日の続きからスタート！
脳もすっきり！
脳がフレッシュな朝のほうが、仕事がはかどる場合もある。
仕事の終わり時間を区切って、翌朝に後倒しするのはOK

仕事ごとに時間を計測し、生産性を上げる

仕事にかかる時間を計測、記録していく

労働時間を制限するために、また仕事自体の効率や生産性を上げるために、私は仕事（作業）ごとにかかる時間を推測して予定に入れます。そして、実際にかかった時間も計測しています。実際にかかった時間は、今後の予定に反映させます。

例えば、本書の原稿の一項目を書くために使う時間は30分と決めています。これまで何回も原稿を書いてきて、大体それくらいの時間に収斂することがわかってきたからです。

その他の仕事も、ごく細かい処理仕事を除いて、その仕事にかかる時間を計測し、記録しています。仕事に集中して、仕事を早く（もちろん正確に）終わらせるためには、時間で区切るのがいいです。

時間までにできなかったらあっさりとあきらめて、他の仕事に移行し、翌日にできなかった分も挽回するように心がけていきます。

毎日改善し続ければ、必ず決め

仕事は時間を区切ってやる

この仕事は30分で
10時30分に終わるはず！
うーん、30分で終わらなかったか…
もう10時30分だ…
これはもうやめて次の仕事！
明日、挽回しよう！

毎日改善し続ければ、決めた時間で終わるようになる。慣れてきたら、設定時間を減らしていこう

時間当たりの利益・売上を増やすために

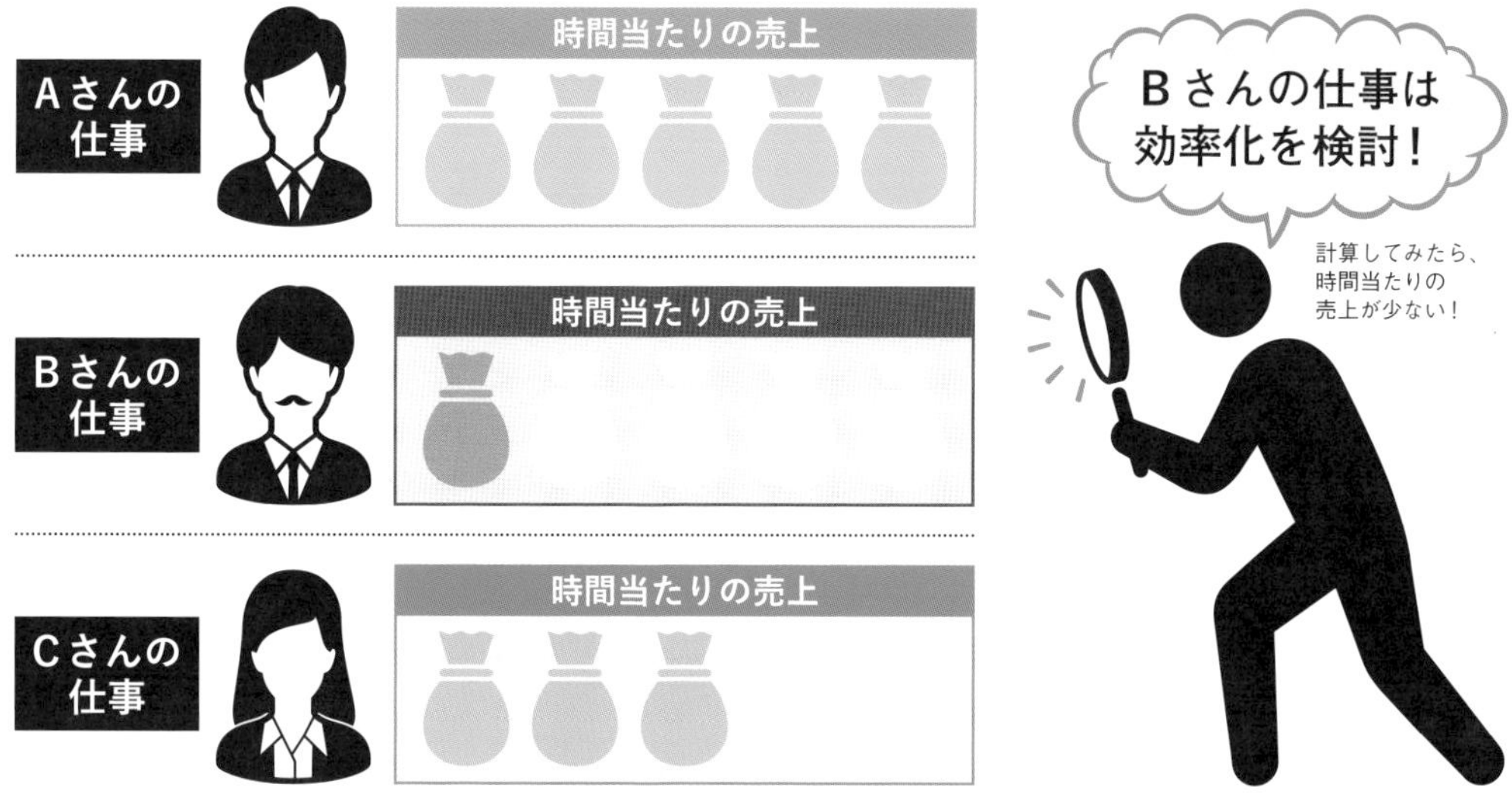
Aさんの仕事
時間当たりの売上
Bさんの仕事
時間当たりの売上
Cさんの仕事
時間当たりの売上
Bさんの仕事は効率化を検討！
計算してみたら、時間当たりの売上が少ない！

時間当たりでどれぐらい稼いでいるかの指標を持たないと、無駄な時間が生まれ、いくら仕事をしても儲からない

た時間で終わるようになります。
そして慣れてきたら、設定時間を減らしていきます。そうすることで仕事は間違いなく速くなります。

時間当たりの売上を計算する

ちょっと違う話になりますが、私はお客さんに関する仕事をしたり、訪問したりしたとき、そのお客さんのために使った時間を計測して集計しています。そしてお客さんごとに、時間当たりの売上を計算しています。

時間当たりの売上が少ないお客さんについては、できれば値上げをしてもらいます。それが叶わない場合は、効率化するなどして、なるべくそのお客さんにかける時間を減らし、時間当たりの売上を増やすようにしています。

時間当たりでどれくらい稼いでいるかという指標を持たなければ、無駄な時間が生まれ、いくら仕事をしても儲からない、そしてその理由がわからないという事態になります。

時間当たりの売上・利益を極限まで増やすことで、さらに時間が生まれ、新しい仕事もできるようになるでしょう。

1人会社を成功させる

✓

1 仕事(作業)ごとにかかる時間を推測して予定に入れ、実際にかかった時間も計測する

2 時間までにできなかったら、あきらめて他の仕事に移行する

3 時間当たりの売上を計算し、効率化によって生産性を上げる

能率がいい時間帯に集中して仕事をし、あとは遊ぶ

自分が集中できる時間と場所を見つける

私は午前中！
私は午後！
私はカフェ！
私は自宅！

いろいろな時間や場所で仕事をしてみて、自分が集中しやすい時間と場所を知ろう

「集中」しないと、生産性が下がる

経営や仕事には、「集中」がとても大切です。「集中」しないと、生産性は下がります。

仕事は、自分が集中できる時間帯にします。集中できる時間帯は人によって違うはずなので、自分が一番集中することのできる時間帯を選び、できる限り毎日その時間にやるべきです。

私個人としては、「朝」が一番集中できる時間帯です。朝は脳もクリアです。睡眠を十分にとれば、おそらく脳細胞がリフレッシュされるのでしょう。

自分が一番集中できる時間を確保して、なるべくその時間にクリエイティブな仕事、自分にとって大事な（食い扶持となるような）仕事をするようにしましょう。

集中するためには「場所」も重要となります。誰もいないところが一番集中できるという人もいれば、カフェなどの騒がしいところでないと集中できないという人もいます。自分に合った「集中場所」

を探しましょう。

私は自宅では集中できるのですが、なぜか事務所では集中できないので、なるべく午前中は自宅で仕事をするようにしています。

仕事中はスマホの利用を最低限にする

「集中できる環境」もなんとかしてつくりましょう。

集中しなければいけないときにネットサーフィンをしてしまうとか、スマホをいじってしまうとか、テレビを見てしまうなどという方は要注意。特にスマホは、一度見てしまうと仕事に戻ってくるのが大変で、集中を取り戻すまでに時間がかかります。スマホの通知は最低限にし、LINEがきたときに画面に通知が出たり、音が鳴ったりしないように設定しましょう。

集中するためには、ヘッドホンとか、耳栓といったツールも必要になってくるかもしれません。いろいろと試してみて、集中できる方法を探しましょう。

皆さんが感じているより、集中することは大切です。集中して仕事をこなし、できるだけ時間をつくって、あとは好きなことをしたり、遊んだりしてください。

1人会社を成功させる

CHECK POINT

1 自分が一番集中できる時間帯を選び、できる限りその時間に仕事をする

2 自分に合った仕事の「集中場所」を探す

3 集中しなければいけないときはスマホの通知は最低限にするなど、「集中できる環境」を整える

ツールは賢く利用して、集中できるようにする

周囲の音が気になるなら…

ヘッドホンで快適な音楽を聴きながら仕事をする！

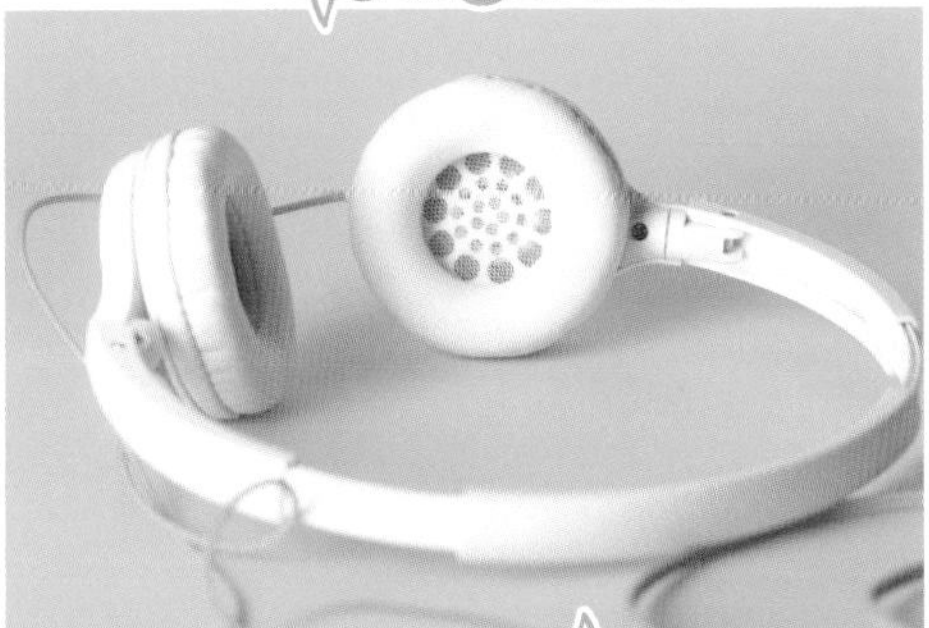

ノイズキャンセリング機能付きなら、雑音だけを消す耳栓としても使える！

スマホは便利だけど…

一度見てしまうと仕事に戻ってくるのが大変！

集中しやすいように通知は最低限に設定しておく！

好きなことに没頭するための時間を天引きする

お金の投資と同じく時間も先に天引きする

将来のためのお金の投資と同じで、時間についても天引きの考え方が必要です。

稼いだお金から経費や生活費などを使い、残ったお金を将来のために投資に回そうとするなら、はじめから将来のために投資する額を決め、それを先に天引きしてしまわないといけません。

時間も同じ考え方が必要で、自分の好きなことをやる時間をあらかじめ確保してしまうのです。そうしないと、日々の業務などに忙殺され、あっという間に時間はなくなってしまいます。

ここまでも散々書いているように、「1人会社」「1人経営」においては、社長自身が、好きなことや得意なこと、没頭・没入できることをやっていかなくては勝負になりません。あまりやりたくない仕事とか処理仕事などは、ロボットやAIが得意とすることである場合が多いので、それはそちらに任せましょう。

自分の好きなことをする時間を天引きする

このお金とこの時間は、
自分の好きなことのために天引き！
あらかじめキープ！
誰にも渡さないぞ！

お客さんに対しても「生産性」を求めて依頼する

「三者」の生産性を上げることが大切

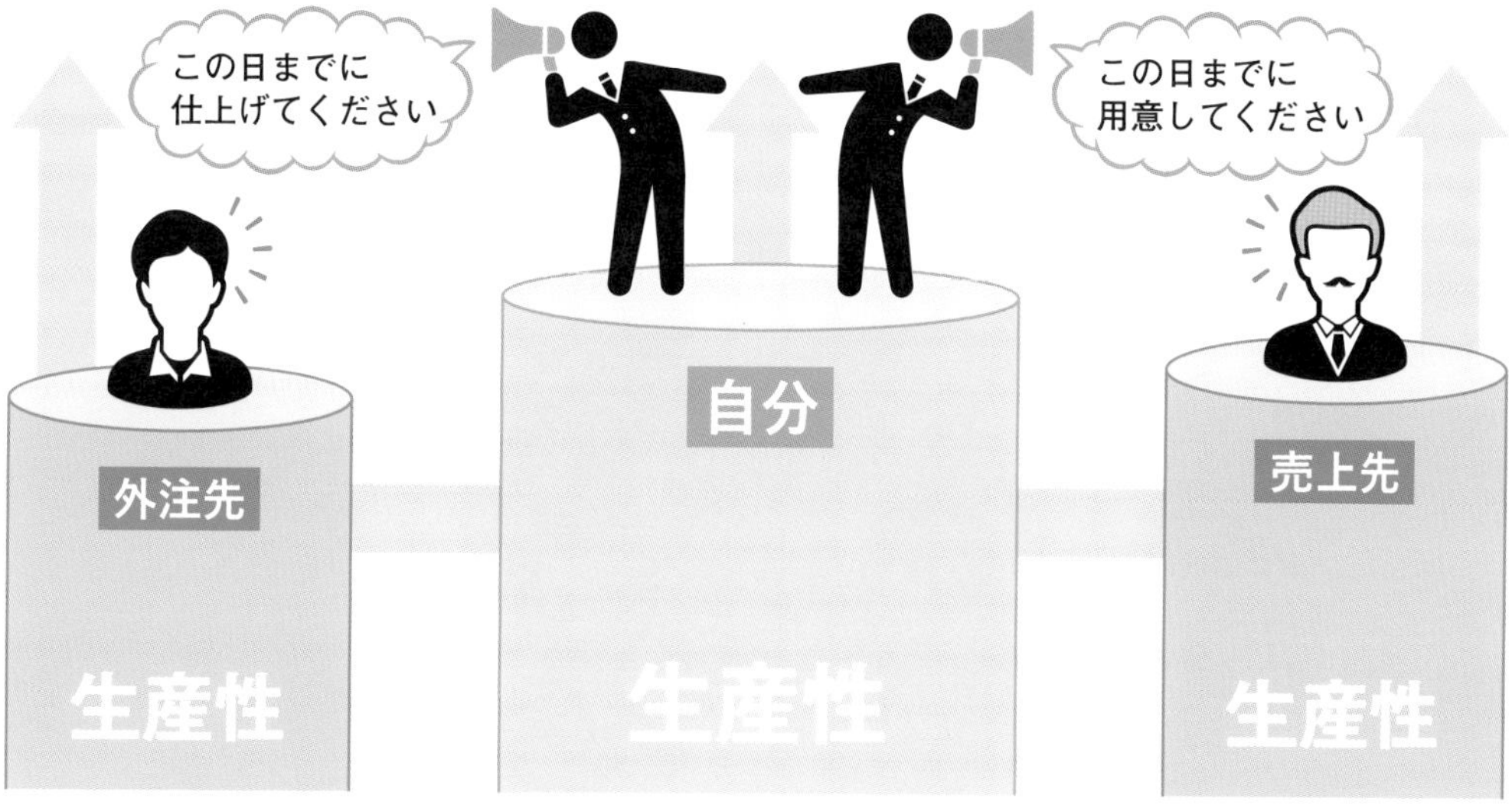
この日までに仕上げてください
この日までに用意してください
外注先
自分
売上先
生産性
生産性
生産性

外注先や売上先の生産性を上げるのは難しいが、自社の生産性を上げるためには必要なこと

外注先と売上先の生産性を上げてもらう

1人会社といっても、全部1人でやることはできず、仕事を外注することもあるはずです。その**外注先をできるだけ注視し、生産性を上げてもらう必要があります。**

生産性を上げてもらうためには、納期をしっかりと（厳しめに）決め、その日までに依頼した仕事を完成させてもらうことが大切です。

売上先（お客さん）の生産性も上げる必要がある場合が多いです。

私の仕事（税理士業）の例で恐縮ですが、お客さんの生産性が低いと、必要な資料を必要なタイミングでいただくことができないため、こちらの仕事が滞ります。このようなお客さんを改善させるには、根本的な会社の仕組みを変えるなどしないと難しいかもしれません。それでも、根気よく言い続けていくことが大事かと思います。

外注先とか売上先の生産性を上げるのは難しいですが、**自社の生産性を上げるためには必要なこと**に間違いありません。

「仕事をどんどん速くしていくゲーム」を楽しむ

ツールを駆使して、仕事時間を早める

スマホを使っている人は…

入力が速くなれば
仕事も速くなる！
フリック入力などの
操作をマスターする！

パソコンを使っている人は…

処理速度が速いから
待ち時間が少なくなる！
スペックの高いもの
を新しく使う！

パソコンやスマホを使う仕事は、とにかく速く処理できるようにしておくことで、かける時間を減らすことができる

なるべく新しいパソコンを使うこと

楽しみながら、好きな仕事に没頭していくのが理想だと思いますが、どうしてもやらなければならないという仕事もたくさんあるはず。そういう仕事は、とにかく速く処理することで、かける時間を減らしましょう。

仕事のスピードを上げるためには、ハード・ソフト両方のツールを駆使したいものです。

パソコンを使って仕事をしている人は、なるべく新しく、スペックの高いパソコンを使いましょう。6、7年くらい同じパソコンを使い、処理速度が遅くて「待ち」の状態が長い人をよく見かけますが、思うように動かなくなったりフリーズしたりしたら、パソコンを買い替えてください。

また最近では、iPhoneが1台あれば仕事ができる場合も多くなってきました。画面や入力場所が小さいので不便なところもあるかもしれませんが、アプリを駆使すれば、仕事はほぼ可能だという人も

多いでしょう。

入力方法も研鑽を重ねて速くしていきましょう。タッチタイピングやフリック入力をマスターすることで、入力が速くなり、その分仕事が速くなるでしょう。

重要なポイントだけをつまむようにする

仕事一つ一つについて、どこが重要でどこは無視していいのか、という「重要性」をとらえることも大事です。

例えば経理であれば、100円合わないからといって、1日かけてその原因を探るなどは愚の骨頂です。微差が積み重なるとまずいですが、そうでなければ少しの誤差は無視すべきです。

メールの返事なども、重要でなければしなくてもいいのです。律儀に、どうでもいいメールに返信しているようでは、時間がいくらあっても足りません。

このように、「重要性の原則」を頭に入れて、重要なポイントだけをつまむようなイメージで仕事をしましょう。そうすることで仕事は速くなり、かつポイントを押さえた「いい仕事」ができるようになるはずです。

1人会社を成功させる CHECK POINT

1. なるべく新しく、スペックの高いパソコンを使う
2. iPhoneの入力方法の研鑽を重ね、仕事を速くする
3. 「重要性」をとらえることで仕事は速くなり、かつポイントを押さえた仕事ができるようになる

「重要性の原則」に従って、仕事をする
メールの返事は焦らないでいい
急いで返事をしないと！
あわわ…ドタバタ！
落ち着いてから返信すれば大丈夫だよ
あとからゆっくりでOK！
微細なことは無視していい
どうしても数字が合わない…
うーん…100円が…
100円くらい気にしないでいいよ
たいした誤差じゃないから！
重要なポイントだけをつまむようなイメージで仕事をすれば、速く、かつポイントを押さえた「いい仕事」ができるようになる

「無用の用」のための時間を確保する

仕事だけでは人生に深みが出ない

これまでの古い価値観では、人は仕事をして稼いでナンボ、と考えられていました。しかし、仕事だけでは人生に深みが出ないのではないかと私は思います。**多方面に興味を示し、多角的に多くのことを知ることで人生に味わいを感じられるようになるはずです。**

「無用の用」という言葉があります。「老子」「荘子」からきたことわざで、「役に立たないように見えるものでも、かえって役に立つこともある。この世に無用なものは存在しない」という意味です。

これまでどのように行動してきたかを思い起こすと、多くの人は基本的に仕事を日常の中心に置いてきたのかもしれません。ただ、**本当に仕事のことだけでは、人生に深みが出ず、仕事も先細りになっていくでしょう。**

思いつく「無用の用」を列挙してみます。

絵画を見に行く、興味のないジャンルの本を読む、ライブに行く、

「無用の用」で、人生に深みが出る

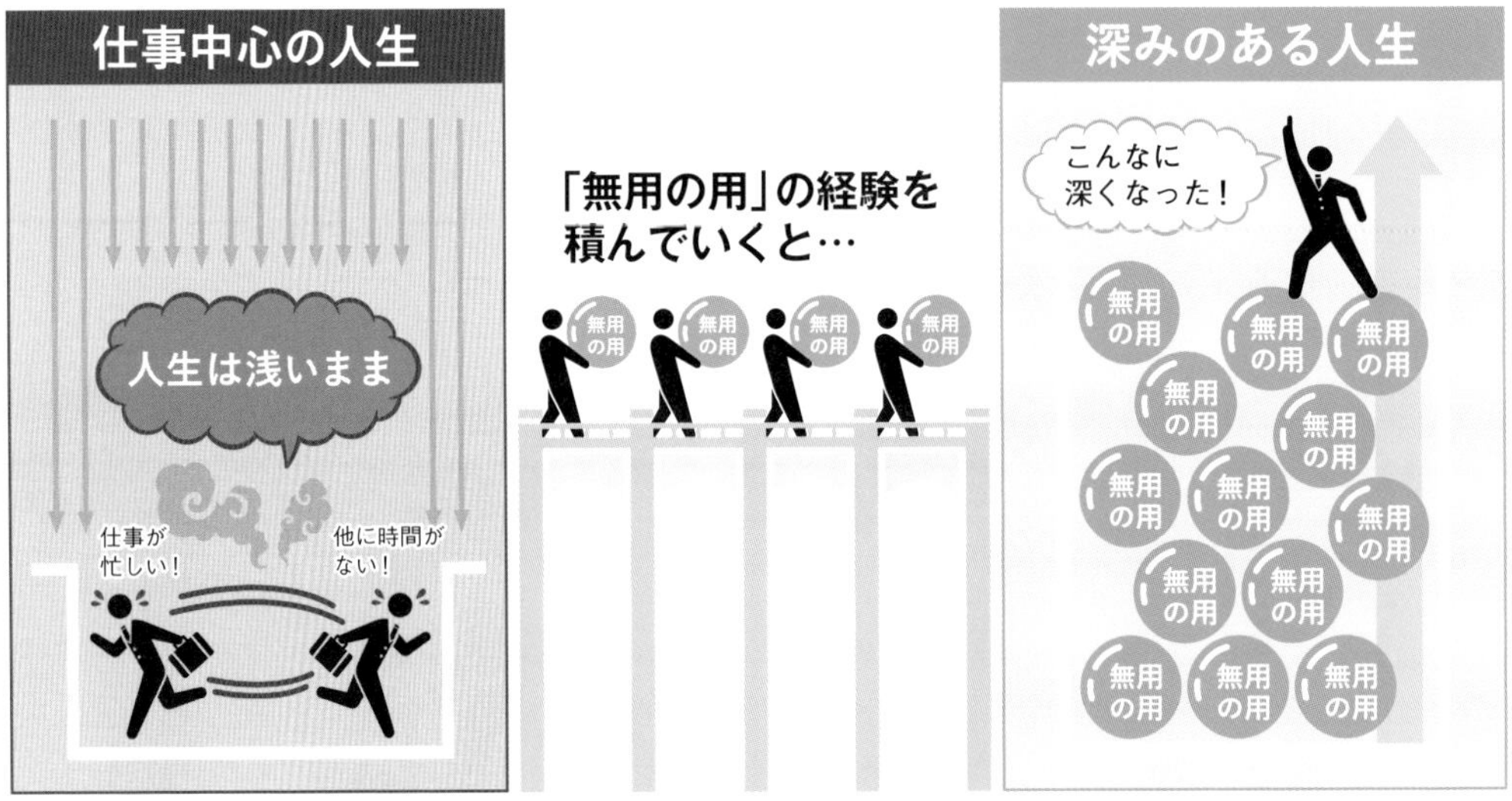
仕事中心の人生
人生は浅いまま
仕事が忙しい！
他に時間がない！
「無用の用」の経験を積んでいくと…
無用の用
深みのある人生
こんなに深くなった！
無用の用

多方面に興味を示し、多角的に多くのことを知ることで人生に味わいを感じられるようになる

新しいことをやっていけば、新しい自分を見出せる

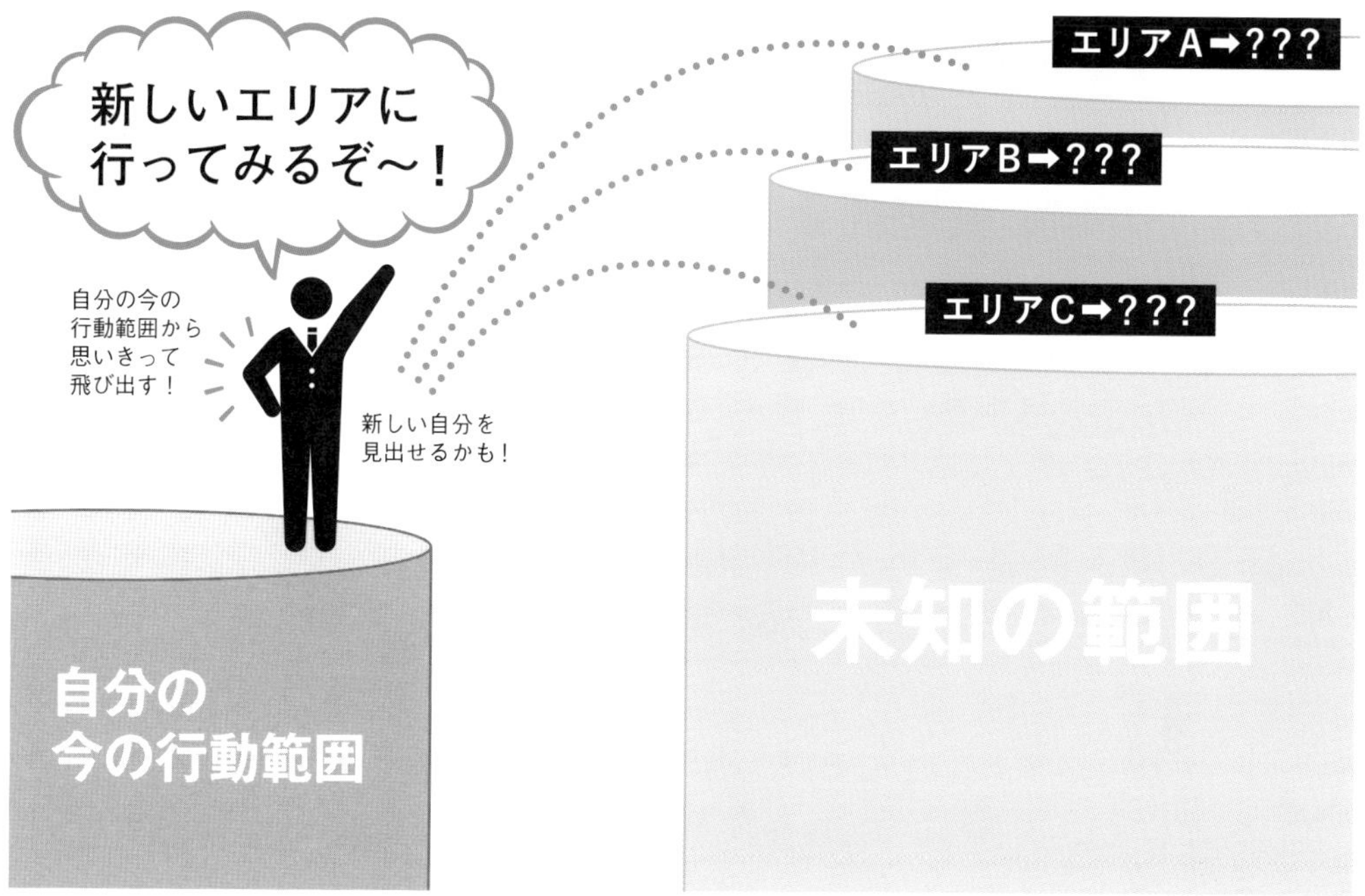
新しいエリアに
行ってみるぞ〜！
自分の今の
行動範囲から
思いきって
飛び出す！
新しい自分を
見出せるかも！
エリアA➡???
エリアB➡???
エリアC➡???
未知の範囲
自分の
今の行動範囲

歌舞伎を見る、囲碁を学ぶ、デパ地下を巡る、とりとめなく散歩する、城めぐりをする、などなど。

他にもいくらでも「無用の用」を探すことはできるはずです。要するに、自分がやろうとしていることを除外して、まったく思いついてもいないことを急にやってみるのです。

「無用の用」が仕事にも生きてくる

どうしても人は、自分の今の行動範囲で過ごそうとしがちです。

私もその傾向がとても強く、できる限り今住んでいるエリアから外に出たくないと思っています。また、毎日同じことをして過ごしたいなどと思うことも多いです。

しかし、「無用の用」を意識してフラッと出かけ、思いついたことをやるようにしています。それが間違いなく仕事に生きています。

毎日同じことをコツコツやるということにも大きな価値はありますが、これまでまったくやったことがないこと、仕事と関係のない新しいことをやっていくことにも、とても大きな価値があります。新しい自分を見出すことができる可能性だってあると考えられます。

1人会社を成功させる

1. 多方面に興味を示し、多角的に多くのことを知ることで、人生に味わいを感じられる
2. 思いついたことをすることが、仕事にも生きてくる
3. 仕事と関係のないことをすることで、新しい自分を見出すことができる

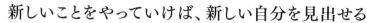

Section 4 1人会社の時間の使い方 まとめ

- 社長の労働時間に価値はない。これからの1人社長は、「いかに労働時間を減らすか」ということを考えるべき
- 1人社長の労働を増やさないようにするには、「時間を制限してしまう」のが一番いい方法
- 労働を制限するためには、「時間を区切る」ことが大切。毎日の仕事の終わり時間を決めてしまえばいい
- 仕事（作業）ごとにかかる時間を推測して予定に入れる。そして、実際にかかった時間も計測しておく
- 自分が一番集中できる時間帯に仕事をする。また、自分に合った仕事の「集中場所」を探すことも重要
- お金の投資と同じく、時間も先に天引きする。自分の好きなことをやる時間はあらかじめ確保しておこう
- 外注先や売上先（お客さん）の生産性を上げるのは難しいが、自社の生産性を上げるためには必要なこと
- なるべく新しく、スペックの高いパソコンを使えば、処理速度が上がり、仕事の時間を減らすことができる
- 重要なポイントだけをつまむようなイメージで仕事すれば、速くて質の高い仕事ができるようになる
- 仕事だけでは人生に深みが出ない。仕事と関係のない「無用の用」によって、新しい自分を見出せることもある

Section 5

1人会社を ずっと 継続させて いくには

1人会社を永遠につぶさない方法

1人でも高い利益を上げられる

大企業の場合
大人数で稼いで売上規模を大きくしている
1人会社の場合
実は1人でも、
たくさん稼いでいるのです！

1人会社は大企業と比べると売上規模は小さいが、1人当たりで見ると粗利も利益も高水準

1人会社でも充分に稼げる

1人会社は、右肩上がりに売上を増やすのではなく、一定の売上を維持していくというスタンスです。生活費などから逆算して利益が充分に出ればOKで、場合によっては経済の流れに合致させ、右肩下がりの成長をしていくということも考えられます。

売上規模が小さいだけで、1人当たりで見ると粗利も利益も高水準にあるのが1人会社です。

例えば、生活費300万円、将来への投資300万円、税金300万円（1／3理論）と考えると役員給与は900万円になるのですが、それには、粗利は2250万円（粗利額を、役員給与4：経費4：利益2に分配するから900万円÷0・4）なくてはなりません（46ページ参照）。

仮にこれを達成できたら、1人で稼いだ粗利が2250万円ということになり、けっこう優秀な数字です。大企業や成長する企業と比べても、これだけ稼げる会社はなかなかないでしょう。

つまり、「1人当たり」で見ると、どんな大きな企業と比べても胸を張れる数字を1人会社でたたき出すのは可能、ということになります。

1人会社をつぶさないコツとは

1人会社を絶対につぶさないようにするためには、「上を目指さない」ことが大切になります。

1人会社はあくまでもずっと小さくやっていく。これがつぶさないコツです。

他には、借り入れをあまりしないことです。資金が一時的にショートするなど、借り入れをしたくなることはありますが、なるべくしないことです。ちょっとしたミスで返済が滞ってしまうと、倒産の危機に陥ることになります。

また、少し儲かっても生活レベルを上げないことや変なものを買わないことなども大事です。

○○に投資しないかとか、ホームページをきれいにしないかなど、たくさんのお誘いもきます。こちらから探していないのに、勝手にくる、こういったオファーは全部無視しましょう。

1人会社を成功させる CHECK POINT

1 1人会社をつぶさないためには、「上を目指さない」「拡大しない」

2 1人会社をつぶさないためには、銀行から借り入れをしない

3 1人会社をつぶさないためには、生活レベルをあげない。不要なオファーは断ることが大切

1人会社をつぶさないコツ

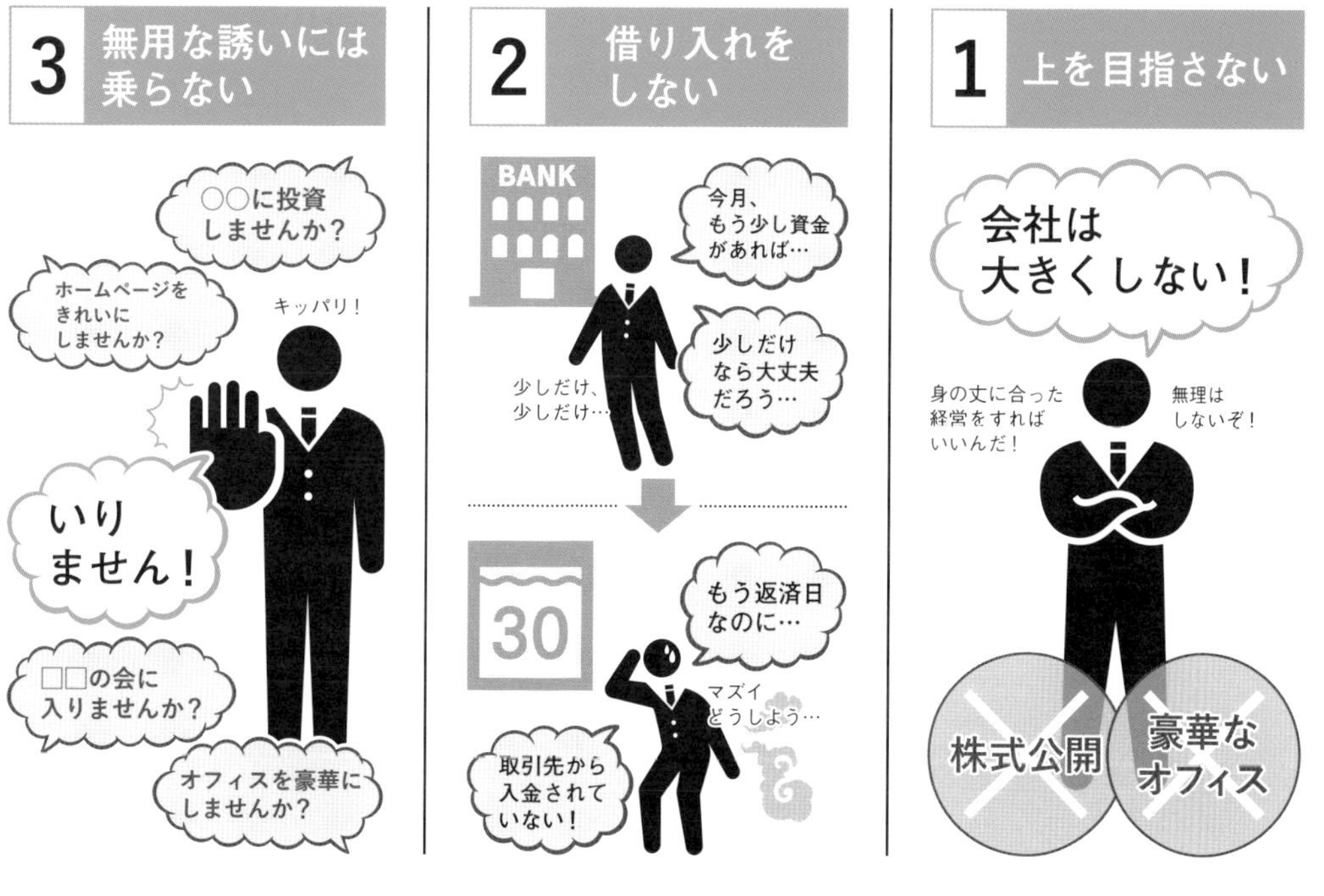
1 上を目指さない
会社は大きくしない！
身の丈に合った経営をすればいいんだ！
無理はしないぞ！
株式公開
豪華なオフィス
2 借り入れをしない
BANK
今月、もう少し資金があれば…
少しだけなら大丈夫だろう…
少しだけ、少しだけ…
30
もう返済日なのに…
マズイどうしよう…
取引先から入金されていない！
3 無用な誘いには乗らない
○○に投資しませんか？
ホームページをきれいにしませんか？
キッパリ！
いりません！
□□の会に入りませんか？
オフィスを豪華にしませんか？

1人会社で やってはいけないこと

簡単に固定費を増やしてはいけない

仕事が増えたときに人を雇ってしまうと、そこから戻ることは非常に難しくなります。

人を雇うことで楽になるとか儲けが出る、という麻薬はなかなかやめられないものです。

それと関連しますが、固定費を増やすのもご法度です。固定費を増やすのは超簡単ですが、減らすのは本当に難しいのです。

例えば、「ホームページをいいものにつくり替えましょう」などという勧誘がきます。「毎月5万円×60カ月のリースを組めばお得」などという誘い文句に乗ってしまう人が多いと聞きます。

しかしその実態は、5万円×60カ月＝300万円の買い物と同じです。そのホームページのおかげで利益がそれ以上になればいいのですが、大抵はそうなりません。

固定費を増やすときは、トータルで一体いくら払うのか、それが本当に役に立つのかをよく考えてからにしてください。

固定費を増やしてはいけない

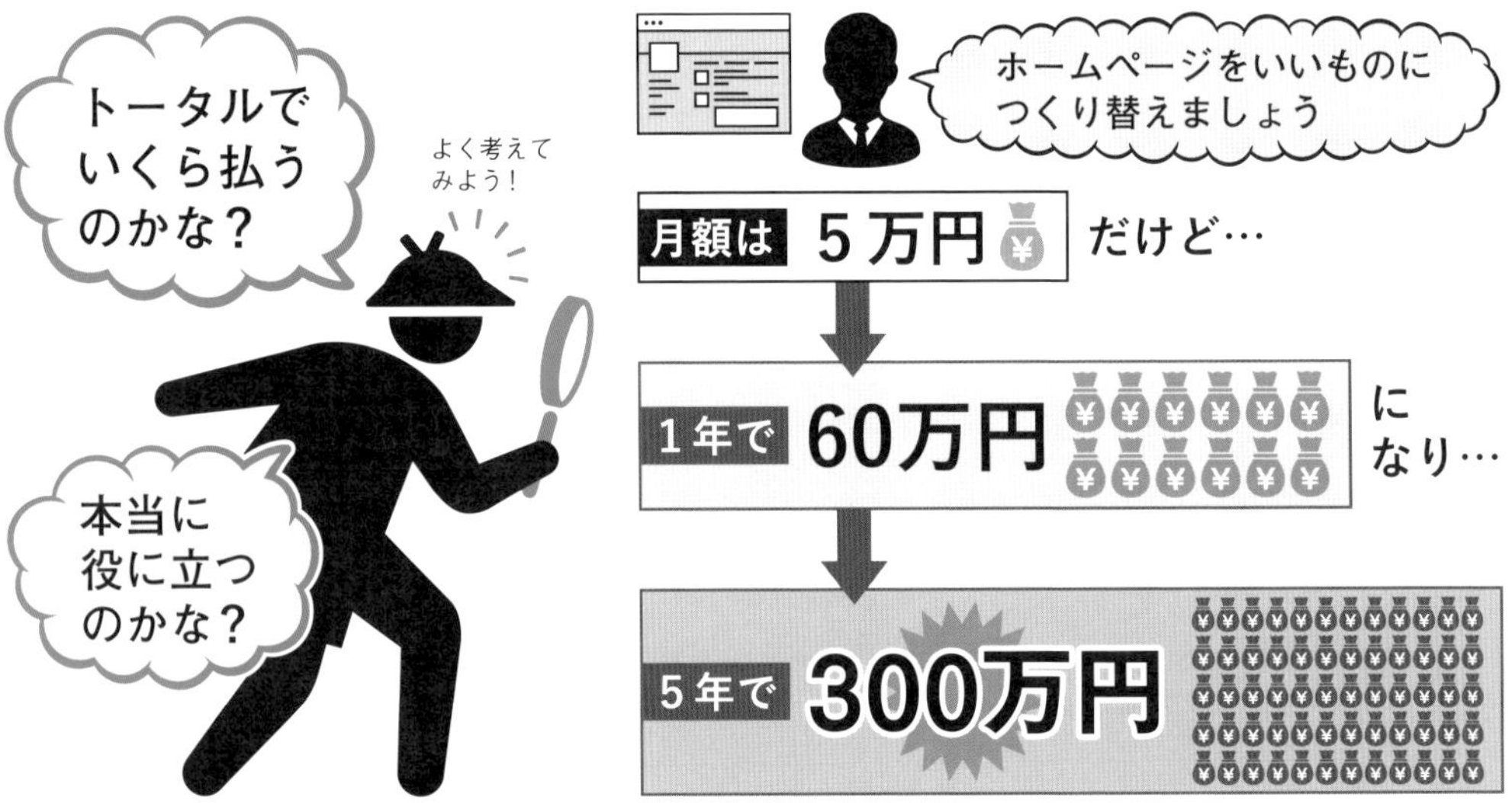

トータルでいくら払うのかな？
よく考えてみよう！
本当に役に立つのかな？
ホームページをいいものにつくり替えましょう
月額は 5万円 だけど…
1年で 60万円 になり…
5年で 300万円

固定費を増やすのは簡単だが減らすのは大変なので、はじめの一歩は特に慎重に考えること

節税貧乏にならない

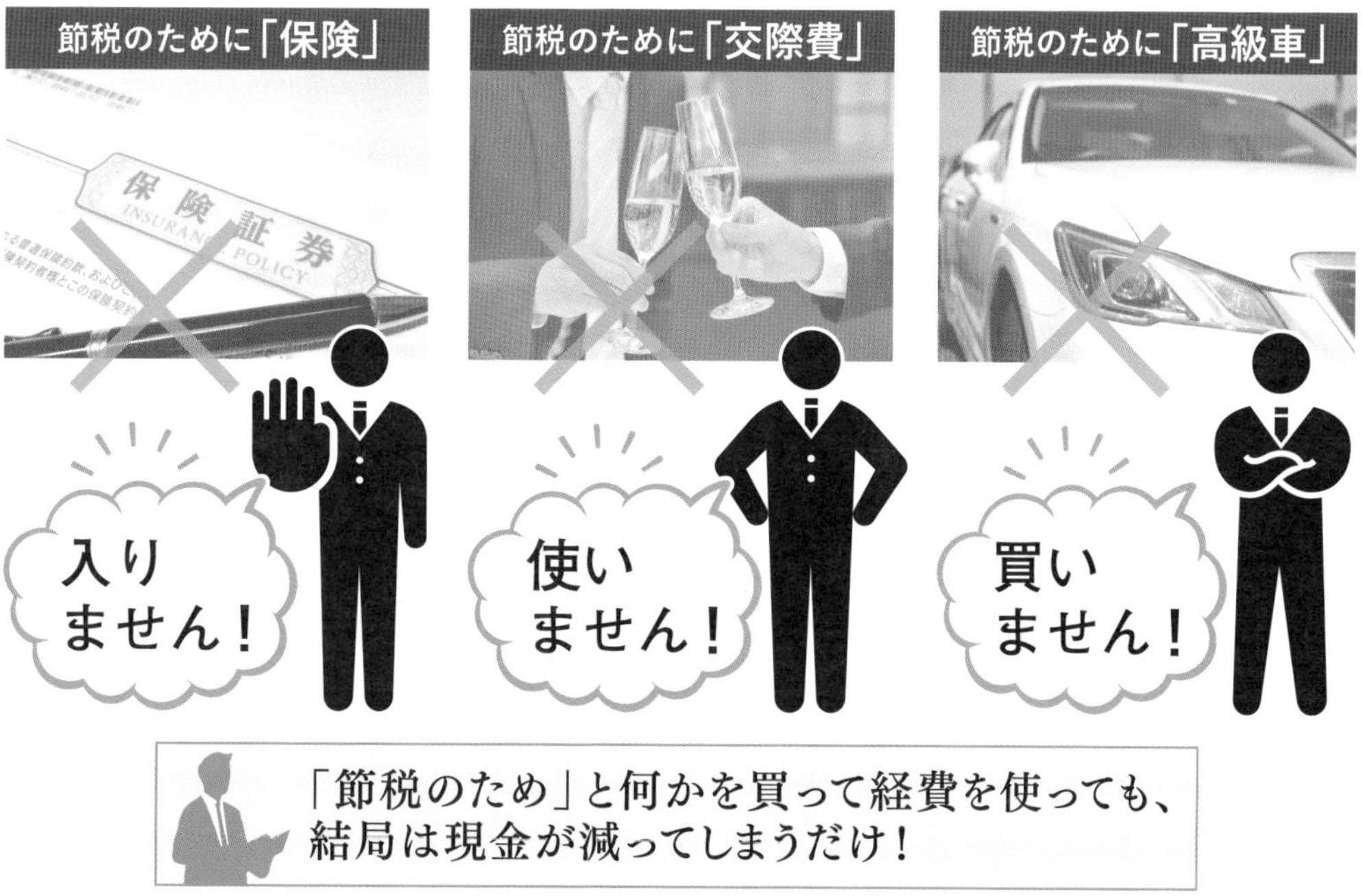
節税のために「保険」
保険証券
INSURANCE POLICY
入り
ません！
節税のために「交際費」
使い
ません！
節税のために「高級車」
買い
ません！
「節税のため」と何かを買って経費を使っても、
結局は現金が減ってしまうだけ！

もう支払ってしまっている固定費は、それがないと困るというもの以外はすべて解約します。いったんすべて解約してみて、それでも本当に必要なら、もう一度契約し直せばいいのです。

解約すべき固定費をノートに列挙して毎日見て、終わったものはチェックして消していく。それくらいやらないと、固定費が減ることはないでしょう。

不必要なものにお金を使わない

固定費と関連しますが、高い家賃を払っていい事務所を借りるとか、いい車を買って経費にするとか、そういったものも必要ありません。交際費など飲食代にお金をたくさん払うこともNGです。

また、「節税対策に保険に入りませんか？」といった勧誘がありますが、保険会社の方には申し訳ありませんが、保険で節税をするのはメリットがありません。

節税のために何かを買って経費にしても、お金が減るだけです。節税など考えずに、税金をしっかり払ったほうが、間違いなくお金が残ります。節税貧乏にならないようにしてください。

1人会社を成功させる
CHECK POINT

1. 固定費を増やすのは簡単だが、減らすのはとても難しいので、本当に必要なものかを吟味する
2. 固定費は月ごとの支出だけでなく、トータルの金額を考える
3. 節税対策だと思って経費を使っても、儲かるわけではない

規模拡大の罠にはまらず、1人でやっていく

他人と比べても、意味がない

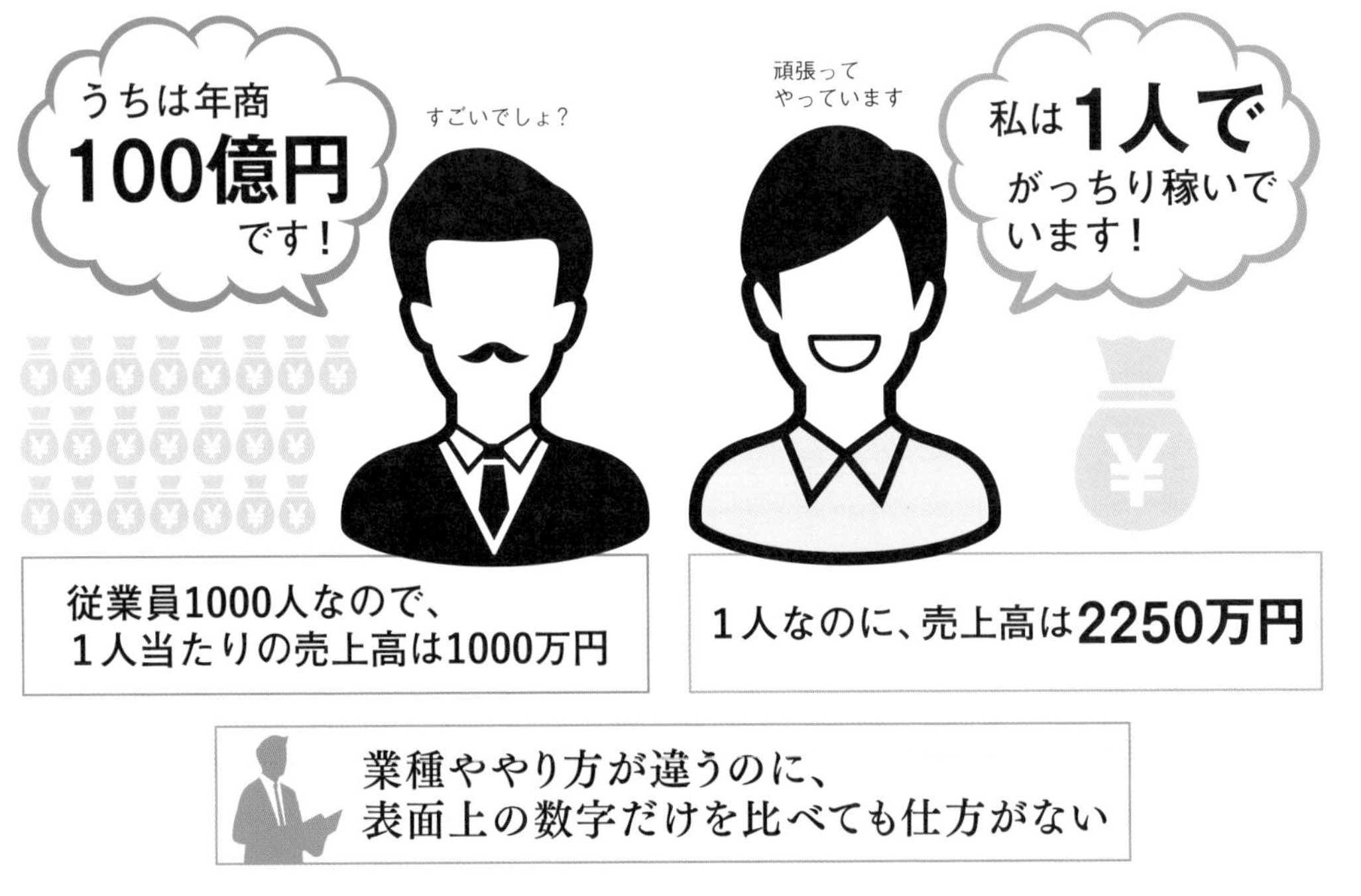

うちは年商100億円です！
すごいでしょ？
頑張ってやっています
私は1人でがっちり稼いでいます！
従業員1000人なので、1人当たりの売上高は1000万円
1人なのに、売上高は2250万円
業種ややり方が違うのに、表面上の数字だけを比べても仕方がない

孤独でも、怪しげな集まりには行かない

1人でやっていると、孤独になり、怪しげなセミナーやパーティーなどに行ってしてしまう人が多いです。

しかしそれらは1人会社にはほとんど必要がないものです。必要があるとすれば、本当にあなたの人生を変えてくれる（実際には、それをきっかけにして自分が変わるのですが）ごく少数の師匠や本、セミナーなどだけです。

怪しげなパーティーなどに行くと、「年商はどれくらいなのですか？」と聞かれたりします。

例えば、「年商100億！」と豪語しても、1000人雇っていたら、1人当たりの売上高は1000万円です。これくらいなら、1人会社のほうが楽勝で稼いでいる場合が多いはずです。

そもそも規模などを比べても仕方がありません。

種類とかやり方が全然違うのに、同じベースで雇っている人数などを比べるのはおかしな話です。

事業を拡大しなくても充実した人生が送れる

経営をはじめれば、とにかく規模拡大の誘惑が襲ってきます。

便利できれいなオフィスで働きたい、大きくして儲けて、上場して財産を手に入れたい、雇用を通じて日本経済に貢献したい、などなど。

しかし、1人でも充分、自分がやりたいことや憧れることは達成できます。オフィスにしても、安くて便利できれいなところは探せばいくらでもあります。

実際のところ、わざわざ長い距離を通勤する必要もありませんし、綺麗なオフィスといってもすぐに飽きます。一番リラックスできるところで仕事をすればいいのです。

「経営者」ともなれば、稼いで大金持ちになりたいという希望があるかもしれません。しかし、ここまで書いてきたように、身の丈に合わせた経営でも、充分に楽しく、人の役に立ち、最低限稼げて、好きなことをやりながら、楽しい生き方をすることは可能です。

また、1人で事業をして、お金持ちになった人もたくさんいます。「拡大の罠」にはハマらないようにしましょう。

1人会社を成功させる CHECK POINT

1. 他人と規模や売上を比べても、意味がない
2. 1人でも、自分がやりたいことや憧れていることを実現できる
3. 身の丈に合わせた経営で、楽しい生き方をすることができる

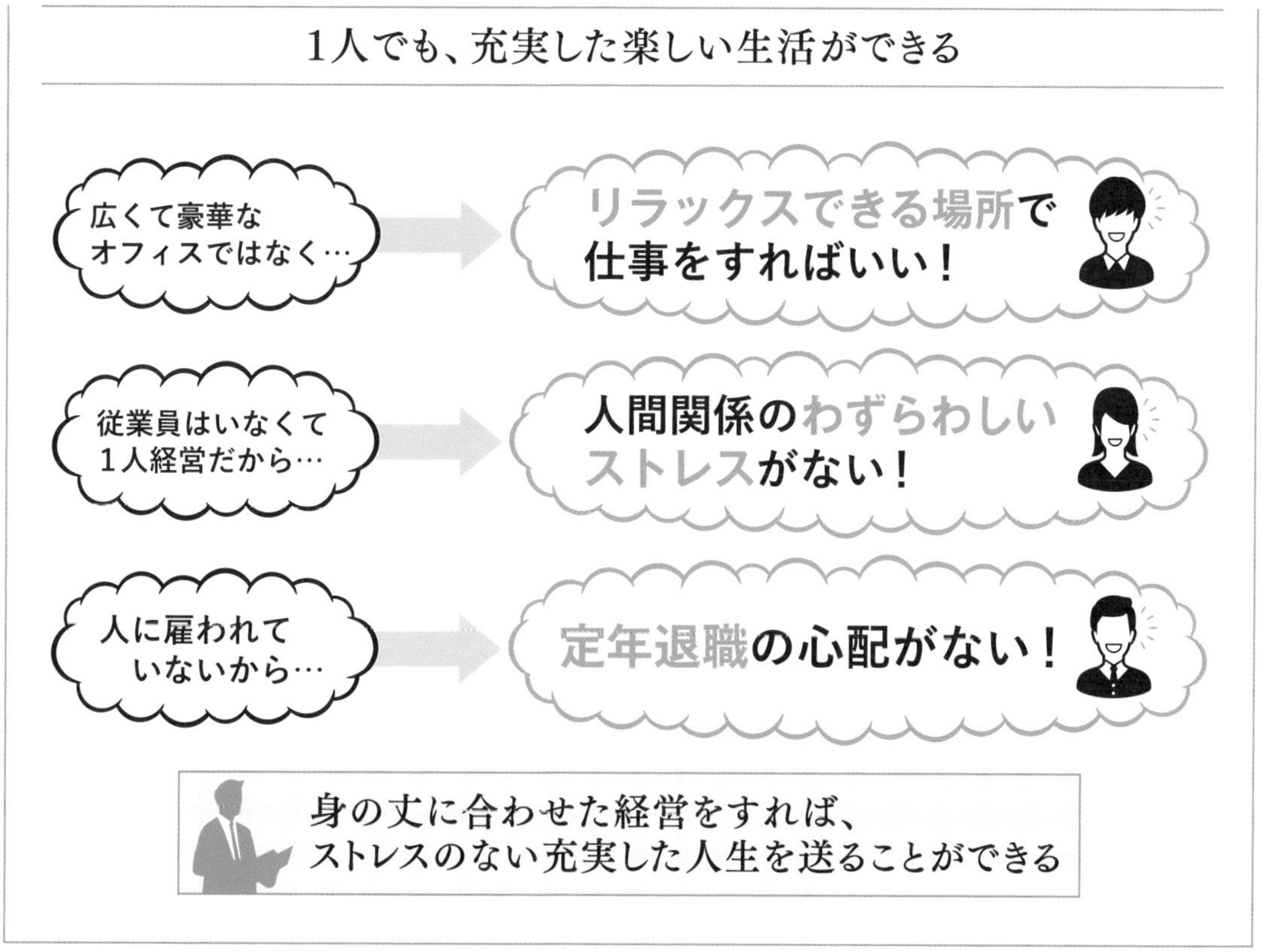
1人でも、充実した楽しい生活ができる
広くて豪華なオフィスではなく…
リラックスできる場所で仕事をすればいい！
従業員はいなくて1人経営だから…
人間関係のわずらわしいストレスがない！
人に雇われていないから…
定年退職の心配がない！
身の丈に合わせた経営をすれば、ストレスのない充実した人生を送ることができる

「家計の純資産プラス」と「無形資産∞」をキープする

家計の純資産をプラスでキープする

経営をするには、さまざまな経営分析用の指標がありますが、「1人経営」では、一つの指標を頭に入れておけば問題ありません。

それは、「家計の純資産がプラスであること」です。

会社の数字を分析するのも重要ですが、「1人経営」では、最終的に会社の数字も「家計」に含まれてしまうので、家計の純資産をプラスにしておくことが重要です。

まず、個人的に持っている預貯金や株式、金融商品などの現在の価値を算出します。所有している自宅物件の価値や車の下取り価格も調べて計算に入れます。所有しているもので売れそうなものは、その価値を計算してみます。

資産で忘れてはいけないのは、「会社の価値」です。経営している会社の純資産の金額も、個人の資産に入れてください。

次は負債（住宅ローン、実家からの借金、カードの残債など）を計算します。

家計の純資産がプラスなら安心

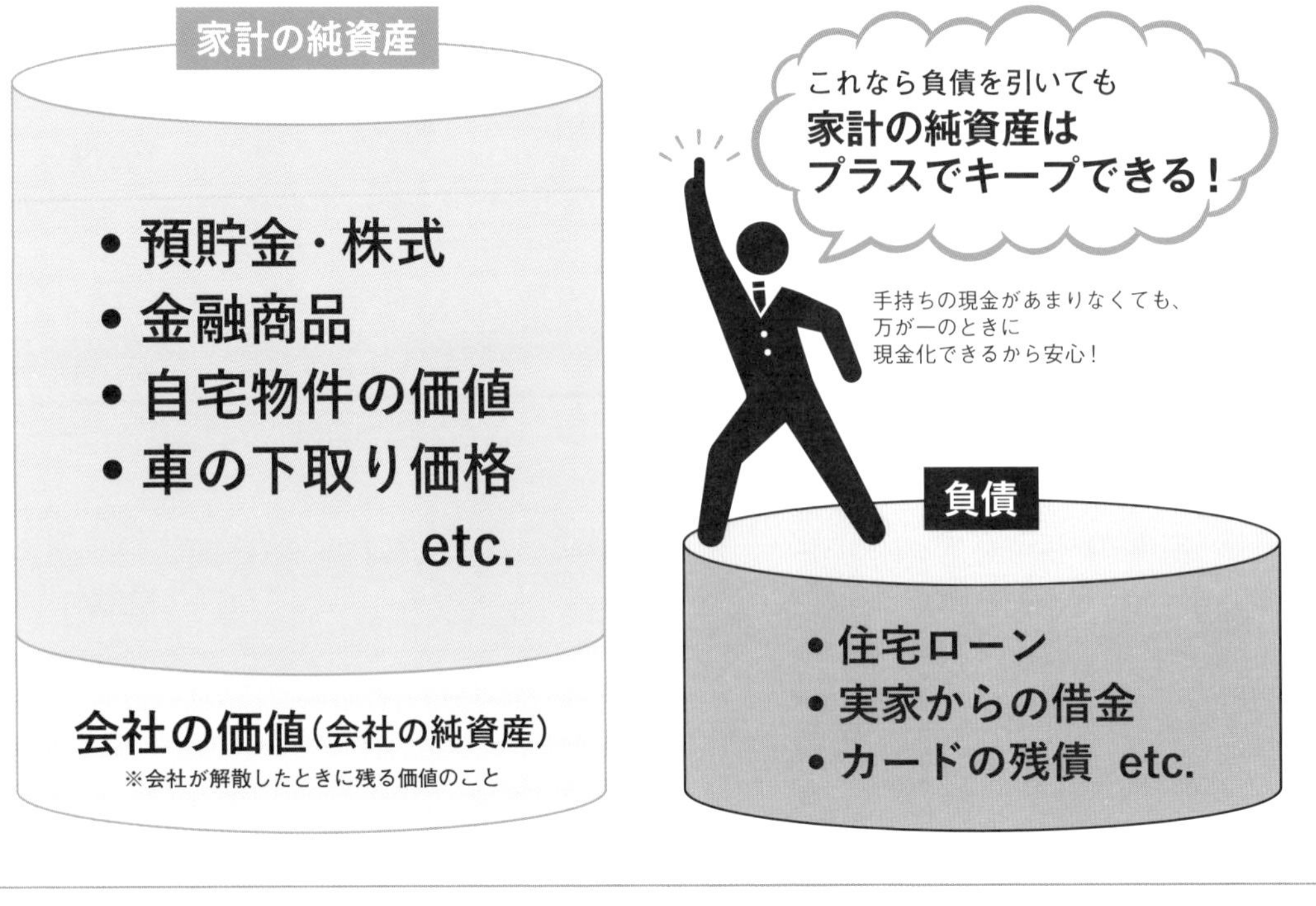
家計の純資産
• 預貯金・株式
• 金融商品
• 自宅物件の価値
• 車の下取り価格
etc.
会社の価値（会社の純資産）
※会社が解散したときに残る価値のこと
これなら負債を引いても
家計の純資産は
プラスでキープできる！
手持ちの現金があまりなくても、
万が一のときに
現金化できるから安心！
負債
• 住宅ローン
• 実家からの借金
• カードの残債 etc.

無形資産が助けてくれる

有形資産を使って
無形資産を増やそう！
信用
知識
友人
知恵

お金よりも無形資産のほうが、将来的に大きな価値を生み出す可能性がある

算出した資産から負債を引いた金額が、（個人の）「純資産」ということになります。この純資産をプラスでキープしておくことが重要なのです。

手持ちの現金があまりなくても、万が一のときに現金化できるものがあれば安心です。

有形資産よりも無形資産を増やす

これとは別に、「無形資産」をマックスにしていくことも心がけましょう。

無形資産の代表的な例は、信用とか知識・知恵、友人などです。これらがあれば、たとえ純資産がマイナスでも、プラスに転じさせることができるかもしれません。知識や知恵があれば、それを使って商売をして稼ぐこともできるでしょうし、友人に助けてもらえるかもしれません。

私はいつも、有形資産を使って無形資産を買うように心がけています。例えば本を買ったり、セミナーに行ったりして知識や知恵を得ています。

お金よりも無形資産を持っていたほうが、将来生み出される価値は大きいかもしれません。

1人会社を成功させる CHECK POINT

1. 家計の純資産を、プラスでキープしておくことを心がける
2. 有形資産を使って、「無形資産」をマックスにしていく
3. 純資産よりも、無形資産のほうが大きな価値を生み出すことがある

一番大事な「健康」を維持するためにはどうするか？

「人生100年時代」の生き方

◎
死ぬまで仕事をしながら楽しむ
死ぬまで好きなことで稼ぎたい！
好きなこと
報酬
こっちのほうが大事！
×
60代で引退して余生をすごす
ヒマだなぁ…
これからの生活費、足りるかな？

ITの発達などで、歳を取っても、好きなことをして対価が得やすくなっている

人生１００年時代は健康が大事

先ほど説明した「無形資産」の中で一番大事なのは、実は『健康』ではないかと考えています。

人生１００年時代において、死ぬまで仕事をしながら楽しんで生きていくためには、健康は絶対条件です。

また、「1人経営」である限り、何がなんでも健康を保たなくてはなりません。あなたの代わりをやってくれる人はいません。

今私は50歳（２０２０年現在）です。私もあと10年で、一昔前の定年を迎えますが、そこで仕事をやめて、あとは余生をゆっくり、ということはまったく想像できません。

それではどうすればいいか。

その答えは、「好きなことをして生きていく」ということです。

そもそも、年を経るごとに給料が上がっていき、定年になったら多額の退職金がもらえる。その退職金で余生を過ごしていく、という時代は完全に終わっています。

そうなると、少ない給料や報酬でもいいから、死ぬまでずっと仕事をしてお金をもらい続けなければいけません。

幸いなことにITの発達などにより、死ぬまで好きなことをし続けて対価を得ることが、ものすごくやりやすくなってきています。

1人経営者の健康を維持する方法

しかし、健康でなければ何もはじまりません。

まずは食べすぎや運動不足による肥満の解消を目指しましょう。適度な運動をしながら質のいい食事をとり、自分にとってベストの体を保つことが大切です。

また、病気にならないようにするには、人との過度の接触を避けるとか、ストレスを溜めないことも大切でしょう。

外出が好きな人はそれでもいいでしょうが、人と多く接触するとやはり摩擦が起こります。あまり出歩きすぎず、『内なる生活』を楽しむほうが、健康を保てるのではないかと考えています。

このような生き方が、最もストレスから遠い生き方なのかもしれません。

1人会社を成功させる

CHECK POINT

1 人生100年時代を生き抜くには、健康がとても大事

2 あなたの代わりはいないので、健康でなければならない

3 健康を維持するためには、適度な運動と質のいい食事をして、ストレスを溜めないこと

「内なる生活」で、健康を維持

適度な運動をする
質のいい食事をとる
人と会う回数を控える
あまり出歩きすぎない
自分にとってベストな体を保つ
外でストレスを溜めない
家で定期的にストレッチ♪
人との接触は少なめに！

人と多く接触すると、ストレスが発生しやすい。
あまり出歩きせず、ストレスを溜めない生活を楽しもう

ビジネスを どんどん変えていく

時代の変化に合わせて ビジネスも変えていく

「1人経営」においては、ビジネス（やること・仕事）を変えていってもいいのではないかと思います。特にこれからの時代、同じことを続けていても、時代についていけなくなるかもしれません。

私の例で恐縮ですが、はじめは税理士事務所を開業し、並行してビジネス書の著者業を開始。税理士業が軌道に乗ってから多くの本を書いてきました。税理士としてお客さんと多く接するうちにいろいろな法則を見つけ、それを書いたおかげで本が売れました。

2010年頃からは、税理士業から得たものを活かしてセミナー業も行いました。さらにときを同じくして、馬主業（友人と共有で超零細です）も開始しています。

税理士業と執筆と馬主は、一見何の関係もないように思えますが、実は密接に関わりあっています。

馬主は、お金や投資に関する知識や知恵がなければできなかったものです。

ビジネスは変化させていい

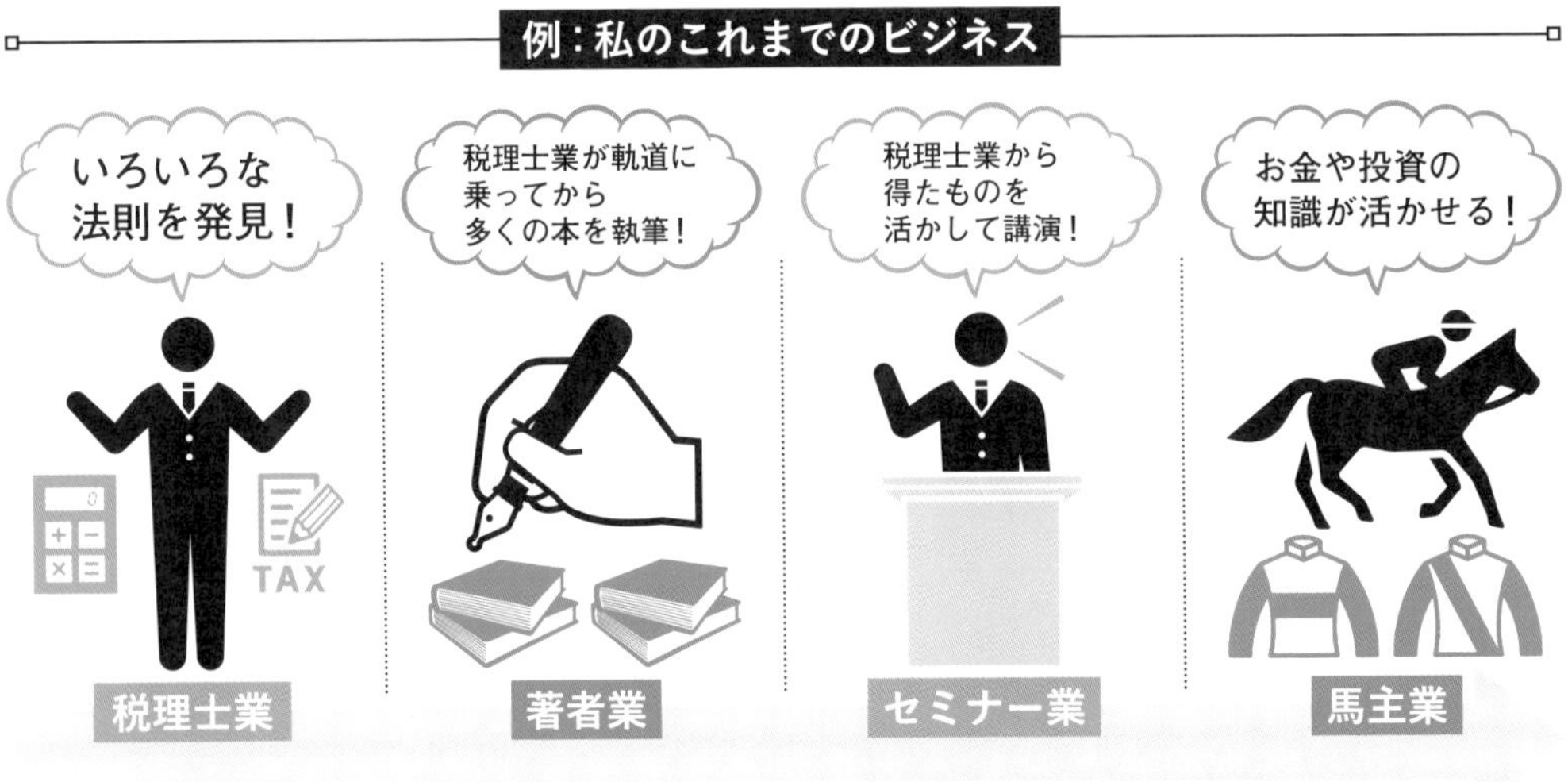
例：私のこれまでのビジネス
いろいろな法則を発見！
税理士業が軌道に乗ってから多くの本を執筆！
税理士業から得たものを活かして講演！
お金や投資の知識が活かせる！
TAX
税理士業
著者業
セミナー業
馬主業

一見、何の関係もないビジネスのように思えるが、実は密接に関わりあっている

関連するビジネスを衛星のように少しずつ増やす

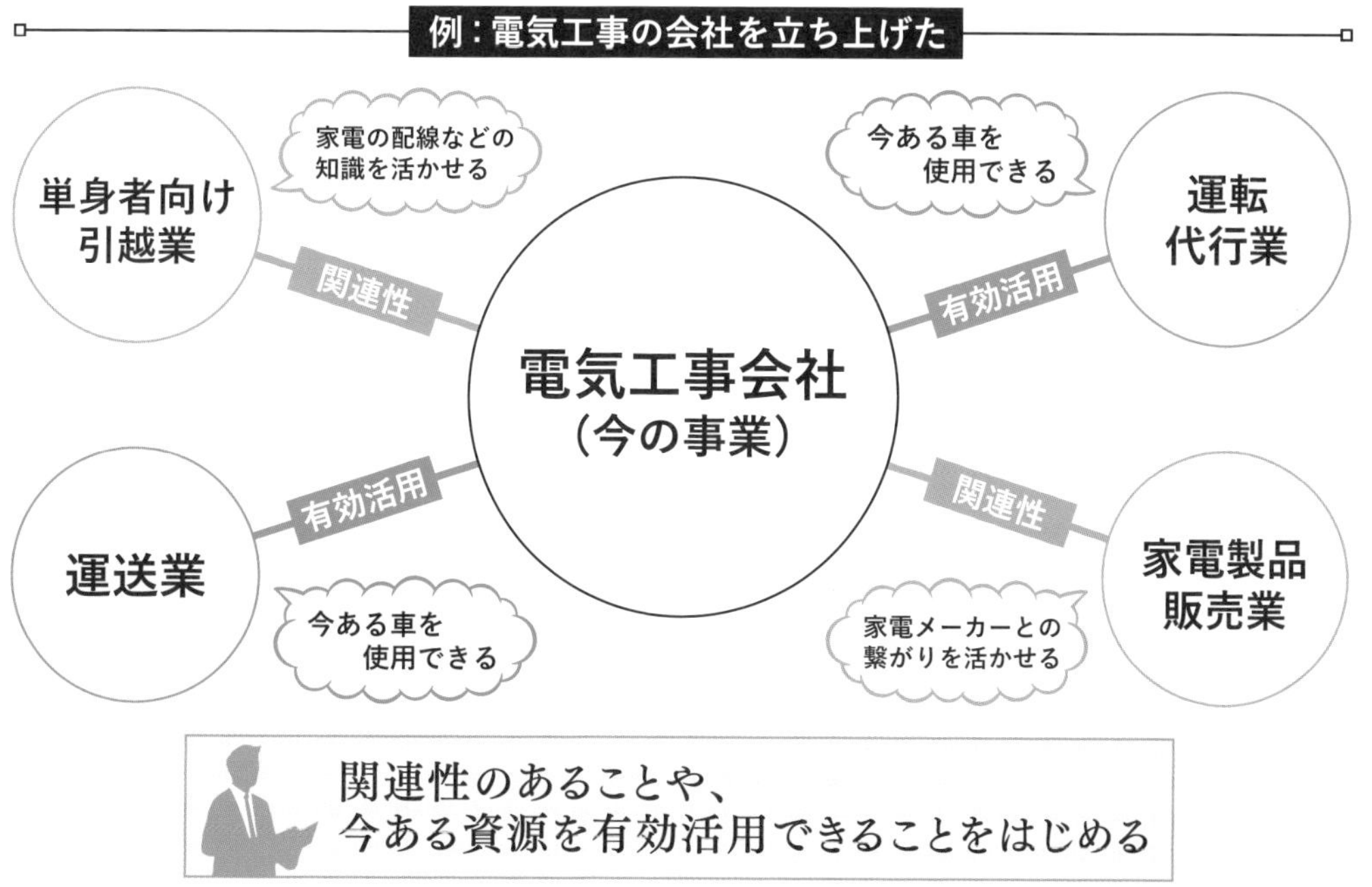
例：電気工事の会社を立ち上げた
電気工事会社（今の事業）
単身者向け引越業
家電の配線などの知識を活かせる
関連性
運転代行業
今ある車を使用できる
有効活用
運送業
有効活用
今ある車を使用できる
家電製品販売業
関連性
家電メーカーとの繋がりを活かせる
関連性のあることや、今ある資源を有効活用できることをはじめる

関連性や有用性があることを選ぶ

ビジネスをどんどん変えていくとか、新しい事業を行っていくには、まず一つの事業を核として、ある程度近いものを一つずつ立ち上げていくのが理想です。

例えば、電気工事の会社を立ち上げたのであれば、運送業や家電製品販売業にシフトしてもいいですし、副業としてもOKです。

また、関係のない事業であっても、今のオフィスや車を使用できるなど、資源の有効活用が見込めるのであれば、いいでしょう。

一つのビジネスを核として、関連するビジネスを少しずつ衛星のように増やしていくといったイメージかもしれません。

また、ビジネスを変えたり、増やしていく上での注意点は、その過程で時間をとられすぎないようにすることです。

本来のビジネスに時間がかからなくなってから新しいことをはじめるとか、時間的な相乗効果が見込めるビジネスをやるなどの考慮が必要です。

これから、ますます時代は移り変わっていきます。これまでと同じ感覚で過ごすことは危険です。

1人会社を成功させる CHECK POINT

1. 時代の流れに合わせて、ビジネスを変えていくことも必要
2. 核となるビジネスをつくってから、関連するビジネスを増やしていく
3. 新しい事業をはじめることで、労働時間が倍増しては本末転倒

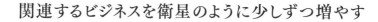

「お金」「仕事」は割とどうでもいいと考える

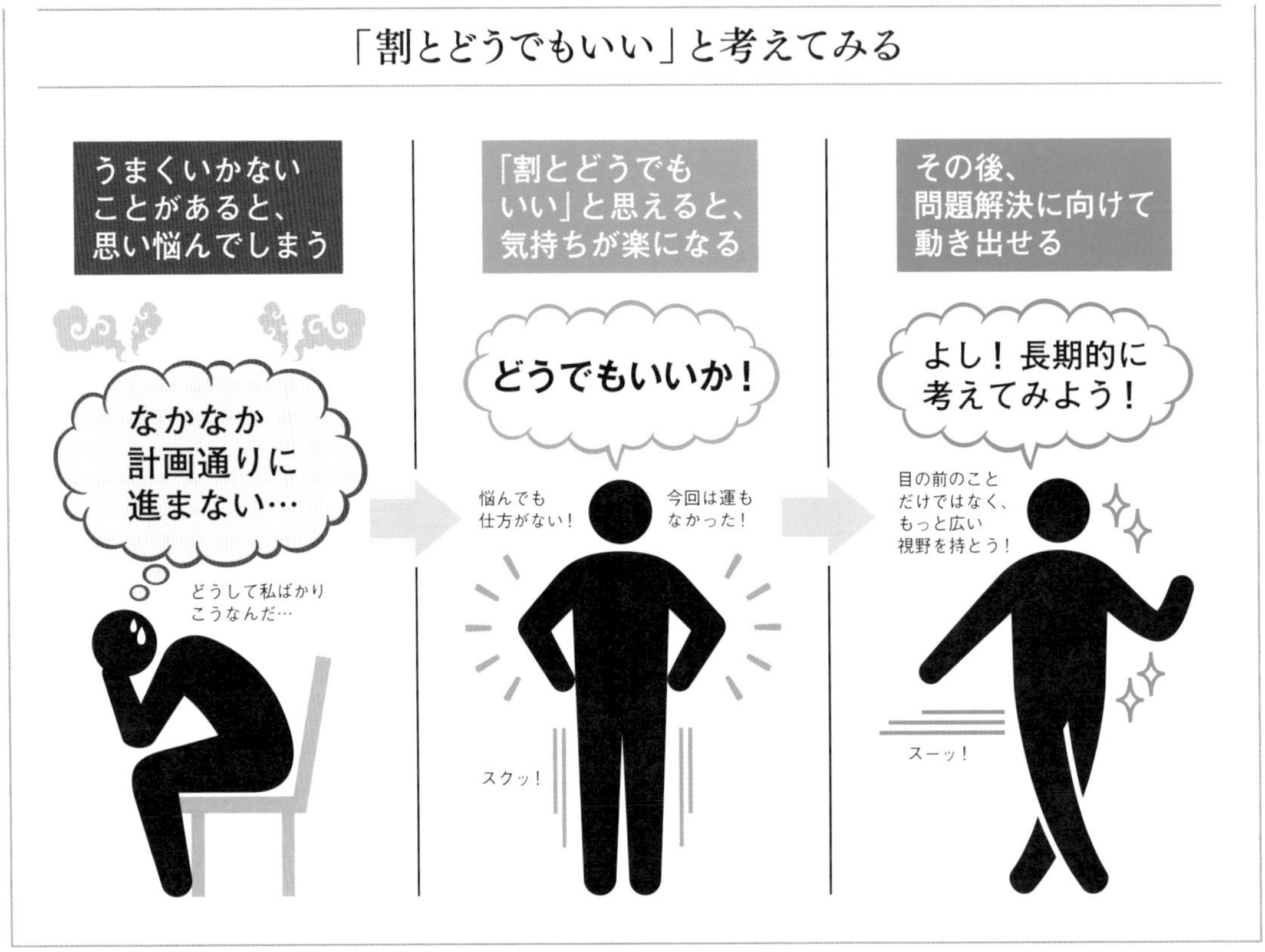
「割とどうでもいい」と考えてみる
うまくいかないことがあると、思い悩んでしまう
なかなか計画通りに進まない…
どうして私ばかりこうなんだ…
「割とどうでもいい」と思えると、気持ちが楽になる
どうでもいいか！
悩んでも仕方がない！
今回は運もなかった！
スクッ！
その後、問題解決に向けて動き出せる
よし！長期的に考えてみよう！
目の前のことだけではなく、もっと広い視野を持とう！
スーッ！

「割とどうでもいい」と考えてみる

「1人経営」において大事なことを書いてきましたが、最終的には、「割とどうでもいい」と考えることができるか、ということにかかっているのかもしれません。

「割とどうでもいい」という言葉は私の座右の銘の一つです。

人が生きている上では、運に左右されることも多いです。たとえうまくいっても、いかなくても、「割とどうでもいい」と考えることが大切ではないかと感じます。

「長期的視野」と「俯瞰」で問題解決

「1人経営」においても、それは同じです。

計画通りにいかないこともあるでしょうし、売上が思ったほど上がらず、お金に窮してしまうこともあるかもしれません。

うまくいかないことについて悩むことがあれば、「長期的視野」を持つようにしてください。長期的計画を立て、現在の状況を鑑みて微調整していきましょう。

数年低迷期であっても、そのあと巻き返して、自分が立てた計画に近づけていけばいいのです。

長期的視野を持つことと同じくらい大事なのは、「視野を広く持つ」「俯瞰する」ということです。

広い視点から客観的に物ごとを見るのです。

例えば、人にお金を貸して返ってこない場合。腹が立ちますし、相手を恨みたくなります。

しかし、ここで俯瞰の出番です。全体を見ると、自分から相手方に現金が移動し、相手方に「返済義務」が生じている状況です。返済義務は、将来現金になる可能性が大きく、「資産」といえます。

つまり、資産の量は変わっていない。問題は返済義務が履行されるかどうかであり、それは後々手続きでなんとかなる、と考えてみるのです。

通常であれば、怒ったり不幸を嘆いてしまうようなことでも、見方を変えて俯瞰すれば「割とどうでもいい」と思えることは多いです。お金や対人関係についての悩みは、長期的視野を持ち、俯瞰することができれば、大抵の場合、解決してしまうものです。

1人会社を成功させる

CHECK POINT

1 「割とどうでもいい」と考えることが大切

2 「長期的視野」を持ち、長い目でトータルで見れば、大きな問題はそれほどない

3 「俯瞰」して物ごとを見ることができれば、問題は解決する

「長期的視野」と「俯瞰」が大切

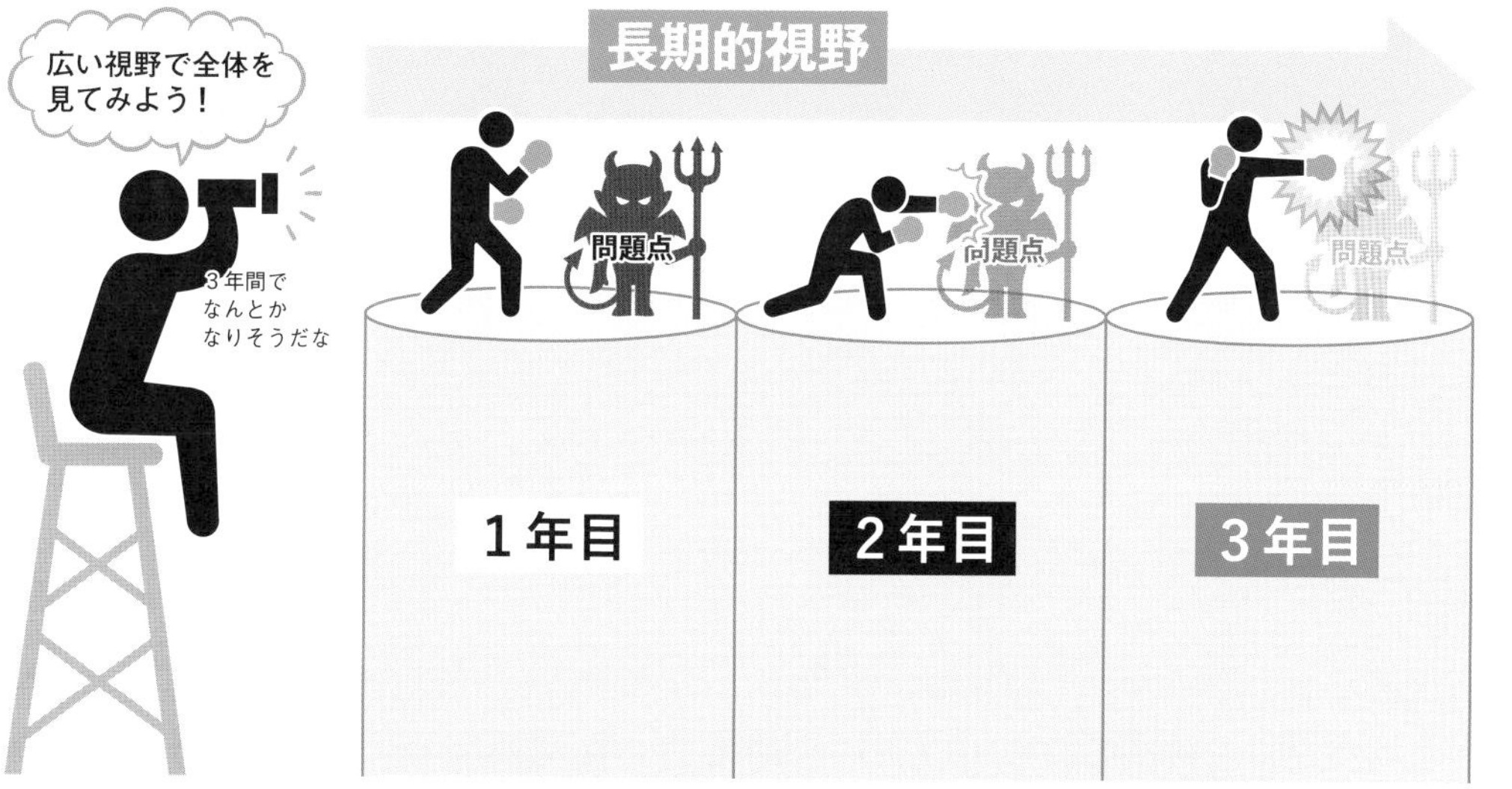
広い視野で全体を見てみよう！
3年間でなんとかなりそうだな
長期的視野
問題点
問題点
問題点
1年目
2年目
3年目

長期的視野を持ち、俯瞰することができれば、大抵の問題は解決できる

Section 5 1人会社をずっと継続させていくには まとめ

- 1人会社は売上規模が小さいだけで、実は1人当たりで見ると粗利も利益も高水準にある
- 1人会社を絶対につぶさないようにするためには、「上を目指さない」こと
- 「固定費を増やす」「節税対策だと思って経費を使う」。これらは“1人会社で絶対にやってはいけない”こと
- 1人で事業をして、成功した人はたくさんいる。他社と規模を比べて「拡大の罠」にはハマらないように！
- 「1人経営」では最終的に会社の数字も「家計」に含まれるので、家計の純資産をプラスにしておく
- お金よりも無形資産（信用・知識・知恵・友人）を持っているほうが、将来生み出される価値は大きい
- 人生100年時代において、死ぬまで仕事をしながら楽しんで生きていくためには、健康は絶対条件
- 病気にならないようにするには、人との過度の接触を避けること、ストレスを溜めないことも大切
- ビジネスを変えたり、新しい事業を増やしていく上では、その過程で時間をとられすぎないように注意すること
- 「割とどうでもいい」と考えることが大切。「長期的視野」で見れば、実は大きな問題はそれほどない

Epilogue

一人一人が独立して「経営」を行えるようになればいい――。私はずっと、そう考えてきました。

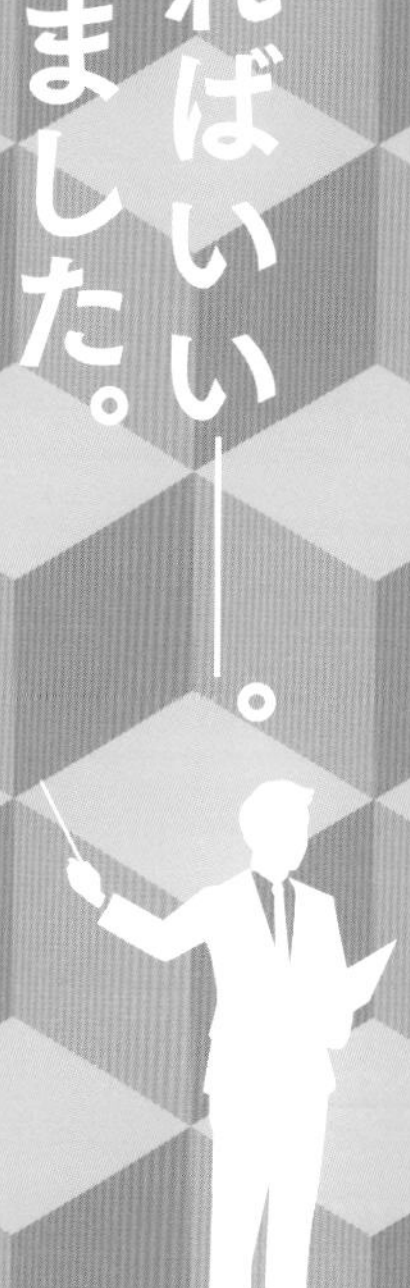

最後までお読みいただきまして、ありがとうございました。

私がなぜこの本を書かせていただいたかというと、今後の日本社会に大きな危機感を覚えているからです。

本編にも書きましたが、これから日本の経済は縮小していく可能性のほうが高いです。また、AIやロボットによって、これまで頑張ってやってきた仕事を奪われる人も多くなってくるでしょう。大企業にしがみつくこともできなくなります。

そんな時代には、「自分一人で」なんとかして生きていかなければいけなくなります。これまでのように、誰かに依存して生きていこうという考えでは苦しくなります。自分で考え、自分で目標を決めて計画を立てて生きていくことが必要となります。

そのためには、一人一人が独立して「経営」を行えるようになればいいのではないかと、これまでずっと考えてきました。従業員を雇わない1人会社が増え、それぞれが柔軟性を武器にして、ビジネスを拡大していければ、いい世の中になるかもしれない。そう考えています。

まだまだ日本では、勉強をしていい学校に行き、いい会社に就職し、一生働いて暮らしていく、という概念が染みついているように思います。そのような形態もまだ数十年しか続いていないのですが、それが当たり前だという感覚が私たちの中にあります。

しかし、もっと昔はみんなが自営業者で、みんなが自立した人生を送っていました。そのような時代を取り戻す時期にきているように思います。

本書は、主に独立したあと、なかなかうまくいかない人や、方向性を決めかねている人に読んでもらいたいと思って書きました。ただ、その他にも、会社で働いていて将来に望みを持てない人や、これから独立したいけど不安、といった人にも読んでもらいたいと思っています。

ここに書かれてある「1人経営」のメソッドをしっかり実行していただければ、必ずうまくいき、安定した、平穏で楽しい生活が送れるはずです。

これからの若い世代は、厳しい時代になると言われます。しかしこの「1人経営メソッド」があれば大丈夫です。今やっていることがうまくいかなくなっても、本書の内容を思い出して実行すれば、なんとかなります。

ぜひ本書の存在を忘れずに携えていってください。

最後になりますが、本書を世に生み出してくださった明日香出版社の皆さま、特に編集の久松さん、そして私の家族や両親、友人たち、仕事のおつき合いをさせていただいている人たちに感謝したいと思います。どうもありがとうございました。

山本憲明

Profile

山本憲明 Noriaki Yamamoto

1970年兵庫県西宮市生まれ。税理士、中小企業診断士、気象予報士。
山本憲明税理士事務所代表。H&Cビジネス株式会社代表取締役。

1994年（平成６年）早稲田大学政経学部卒。
大学卒業後、制御機器メーカーで、半導体試験装置の営業・エンジニアと経理を経験。10年半の会社員生活ののち、2005年、山本憲明税理士事務所を設立。

現在は、少人数で効率的な経営を行いたい経営者をサポートし、その経営者がお金、時間（家族など）、人との関係の全てにバランスが取れた楽しい経営が実現できるよう、実践と勉強に励んでいる。また、馬主活動や少年野球指導も行っている。

主な著書

- 『「仕事が速い人」と「仕事が遅い人」の習慣』（明日香出版社）
- 『朝１時間勉強法』（KADOKAWA）
- 『社長は会社を「大きく」するな！』（ダイヤモンド社）
- 『社員ゼロ！ 会社は「１人」で経営しなさい』（明日香出版社）

その他著書多数
（累計27作、55万部以上）

〈図解〉 社員ゼロ！
会社は「1人」で経営しなさい

2020年 7月15日 初版発行
2024年 3月 9日 第35刷発行

著者 山本憲明
発行者 石野栄一
発行 明日香出版社
〒112-0005 東京都文京区水道 2-11-5
電話 03-5395-7650
https://www.asuka-g.co.jp
印刷・製本 株式会社フクイン

ISBN 978-4-7569-2101-7